李叔同评传

中国历代书法家评传

何炳武 王晓洁 著

陕西新华出版

太白文艺出版社·西安

图书在版编目（CIP）数据

李叔同评传 / 何炳武，王晓洁著. -- 西安 ： 太白
文艺出版社，2018.6（2023.6重印）
（中国历代书法家评传 / 何炳武主编）
ISBN 978-7-5513-1200-4

Ⅰ. ①李… Ⅱ. ①何… ②王… Ⅲ. ①李叔同（
1880-1942）－评传 Ⅳ. ①B949.92

中国版本图书馆CIP数据核字(2017)第185198号

李叔同评传
LI SHUTONG PINGZHUAN

作　　者	何炳武　王晓洁
责任编辑	刘　涛
封面设计	可　峰
出版发行	太白文艺出版社
经　　销	新华书店
印　　刷	三河市同力彩印有限公司
开　　本	787mm×1092mm　1/16
字　　数	132千字
印　　张	10.5
版　　次	2018年6月第1版
印　　次	2023年6月第3次印刷
书　　号	ISBN 978-7-5513-1200-4
定　　价	36.00元

序

陕西省书法家协会名誉主席　雷珍民

陕西古为雍、梁之地,又称三秦大地,纵贯南北,连通东西,位于中国地理版图的中心区域。在整个周秦汉唐时期,关中地区都是古代中国政治、经济、文化的中心。数千年来,悠久的历史、厚重的文化,为陕西书法的不断发展繁盛、经久不衰提供了充足的营养。

在三秦文化肥沃的土壤之上,历代书法名家辈出,传世的精品碑帖不计其数。商周时期的青铜器铭文、先秦时期的石鼓文、西安碑林所藏的秦李斯《峄山碑》、汉熹平石经《周易》残石、《曹全碑》《大唐三藏圣教序碑》《道因法师碑》《颜勤礼碑》《颜家庙碑》《多宝塔感应碑》《玄秘塔碑》等皆堪称书坛瑰宝。众多作品中仍以隋唐时期为盛。隋代的智永,初唐时期的欧阳询、虞世南、褚遂良、薛稷,中晚唐时期的颜真卿、柳公权都是绝贯古今、声名显赫的书法大家。陕西因此而享有"书法的故乡"之美誉,声闻海内外。

改革开放之后,随着社会经济文化的不断发展,中国传统文化逐渐复兴,书法作为中国传统文化中最有特色的一门艺术也获得了长足的发展。一方面,在传统文化全面复兴的大潮下,书法有了更广泛的群众基础。由于书法在塑造完美人格、培养高尚优雅审美情趣等方面有着不可替代的作用,也越来越受到社会各界的认可。业余书法爱好者的数量迅速增加,书法艺术群众化、民间化的趋势日益明显。另一方面,从事书法研究的专业队伍不断壮大。整个陕西书法界呈现出百花齐放、百家争鸣的良好态势。陕西的书法家们通过作品展览、专题讲座、理论研讨等多种形式积极弘扬传统书法艺术,推动陕西书法事业的不断发展。书法研究者能够潜心钻研书法,发表论文,出版专著,举办展览,开坛讲学,在理论、实践等方面都取得显著成绩的同时,也将陕西书法的声誉和影响拓展到三秦大地之外更为广阔的领域中去。

近年来,专业人员积极投身书法理论研究,将书法的专业研究与群众普及结合起来,扩大陕西书法群众基础,推动陕西书法进入了新阶段。为了更好地传承祖国的书法艺术,陕西省社科院中国书画研究中心何炳武主任主编了《陕西书法史》。这套书出版后引起了较大的社会反响,对深入认识陕西书法、普及书法发挥了重要的作用。

现在,陕西省社会科学院中国书画研究中心又撰写了"中国历代书法家评传"丛书。他们选择中国书法史上最具代表性的书法大家作为研究对象,通过多种渠道搜集相关文献资料,进行深入的个案研究。其研究视角不仅仅关注书法家书法风格形成的历史背景及时代风貌,更注重其书法思想、理论的研究,关注书法家对前代的继承、创新和对后世的影响,将书法家的人生经历、时代背景与其书法创作紧密联系起来。这样的研究方法突破了传统研究中书家与书作相分离的局限,也为书法研究开辟了一条崭新的道路。

"没有高度的文化自信,就没有中华民族的伟大复兴。"十九大以来,随着中华民族伟大复兴进程的加快,更好地传承中国优秀传统文化,深入挖掘中华优秀传统文化的内蕴,是摆在我们面前最重要的任务,也是每一个学人在新时代下的责任。我认为,这套丛书的陆续出版,对于推动陕西书法事业的发展和弘扬祖国优秀的传统文化都具有重要的意义。

是为序。

2017 年 10 月 16 日

目录

上编：生平评传

一、早年家庭

李叔同（原名文涛，号息霜，法号演音、弘一），一八八〇年十月二十三日出生于天津一富商之家，祖籍浙江省平湖县。民国时期著名的艺术家，一代律宗高僧。其一生的经历可以划分为二，即俗世之全才李叔同和僧界令人崇敬的弘一大师。无论是俗还是僧，李叔同都将不同的人生道路诠释到了极致。在俗世中，他精通绘画、音乐、书法、诗词、篆刻、金石、戏曲。其得意弟子丰子恺说："他是我国最早出国学文艺的留学生之一；是最早提倡话剧，最早研究油画，也是最早研究西方音乐的艺术教育家之一。"他终身的"艺事"——书法，更是达到极高的境界，被誉为二十世纪中国十大书法家之一。在僧界，他重振南山律宗，成为此宗派第十一代祖师。从才华横溢的翩翩公子到云游四方、功德无量的一代高僧大德，李叔同的一生具有极强的传奇色彩，感动了无数后来者。张爱玲曾说："不要认为我是个高傲的人，我从来不是的——至少，在弘一法师寺院围墙的外面，我是如此地谦卑。"夏丏尊说他"未出家时，于艺事无所不精，自书法、绘画、音乐，文艺乃至演戏、篆刻，皆卓然有独到处"；"综师一生，为翩翩之佳公子，为激昂之志士，为多才之艺人，为严肃之教育者，为戒律精严之头陀"。

李叔同自小锦衣玉食，颇得家族的宠爱。其父李世珍，字筱楼，是天津盐商巨富，于一八八四年中举人，又于一八六五年中进士，曾任吏部主事，后辞官经商。他经营盐业，兴办银行，努力发展振兴家族产业，使李家一时成为津门的

弘一法师在俗时留影

名门望族。李筱楼本有妻妾三人,生有两个儿子,无奈长子早亡,次子羸弱,因担心李家香火不旺,故娶十九岁的王氏女子做妾,此女即李叔同之生母。据说,李叔同出生前夕,有一只喜鹊为李母衔来一根松枝,后来这根松枝一直被李叔同母子二人所珍藏,直至李叔同圆寂之时,还被挂在寮房的墙上。父亲在世的时候,是李家最为鼎盛的时期,不仅如此,父亲也是母亲王氏的天,是她的庇护神。李叔同长大后经常对别人说,自己的生母很苦,其根源就在于其母在妻妾中地位卑微,时时刻刻要看其他女眷的脸色。在李叔同父亲在世的时候,自然是很关照这位比他小四十八岁的女子,也更加疼爱自己老来所得之子。李叔同的父亲是一位佛教徒,不仅日常喜欢布施行善,亦嘱咐家人于自己的舍报之日安排众僧前来诵《金刚经》超度。幼小的李叔同全程目睹了僧人们为父超度的场景,以至于后来经常与他人玩念经的游戏。不仅如此,李叔同也经常与深信佛教的侄媳去庵里听人念经,从而学会了《大悲咒》《往生咒》。不得不说,这应该是李叔同接触佛教的开始,也是佛教的种子在其幼小的内心萌芽的阶段。

父亲去世后,李叔同也到了接受传统教育的年龄了,他的启蒙老师是二哥李文熙,二哥平时便教育他要养成节俭惜福的习惯。七岁的时候,他跟随二哥学习了《玉历钞传》《百孝图》《返性篇》《格言联璧》《文选》等。一八八八年,李叔同九岁,拜常云庄先生学习《孝经》《古文观止》等,而在这当中,李叔同对《说文解字》的兴趣最大,同时还反复练习书法。十六岁时李叔同考入辅仁书院,学习制艺,但他对此并不感兴趣,曾写信给徐耀廷说:"弟拟过五月节以后,邀张默林兄内侄杨兄,教弟念算学,学洋文。"其时,西方入侵,传统中国的价值系统、制度设计都处于风雨飘摇的状态当中,多少志士仁人都在试图用一己之长来回应西方的挑战。与此同时，八股文在科举考试中的核心地位日渐下降，处于不尴不尬的境地，从而往往被有志青年所鄙视。处于这一时代洪流中的李叔同，自然厌弃八股文，希望接触西方的文化，借以充实自己的知识结构与知识系统。因不喜以八股取士的方式获得功名，亦不喜经营自家的产业，李叔同终于在一八九六年从学姚氏家馆，拜赵幼梅为师学习诗词，拜唐静岩为师学习书法。唐静岩早年学习唐隶，后习秦汉，其书法风格多有唐隶的风采，其篆刻作品雄厚古典，有大气磅礴之风，在当时的书法界极具盛名。李叔同在拜其为师学习书法的过程中，书法水平突飞猛进，名气顿时大增。其友王吟笙在《怀弘一法师》中说：

> 世与望衡居，凤好敦诗书。聪明匹冰雪，同侪逊不如。猥以十年长，谦谦兄视余。少即嗜金石，古篆书虫鱼。铁笔东汉字，寝馈于款识。唐有李阳冰，摹印树一帜。家法衍千年，得君益不坠。为我治一章，深情于此寄。忆自君南游，悠悠数十秋。树云思不已，岁月去如流。比闻君祝发，我发早离头。君为大法师，我犹浮生浮。老赓翰墨缘，远道寄楹联。经言开觉路，书法示真诠。笔墨俱入化，如参自在禅。装池张座右，生佛在吾前。

可见，王李二人不仅是近邻亦是挚友，互相赞赏珍惜。李叔同出家之前还珍藏着王吟笙赠他的一把字扇，而王吟笙则在成立广育学会之时接受过李叔同的解囊相助。王吟笙通过这首诗回顾了二人年少之时所结下的友谊，赞叹了李叔同无论在俗界还是僧界的高山仰止之成就和德行，更表达出他对李叔同书法艺术的赞赏和理解。曹幼占也说："高贤自昔月为邻，早羡才华迈等伦。驰骋词章根史汉，瑰琦刻画本周秦。形游东海求新学，心向西方拜圣人。书法空灵关觉悟，从知明月是前身。"

一八九七年，李叔同十八岁之时，其母王氏为其娶妻——一位比他大两岁的俞姑娘。俞姑娘出身大家，性格温和端庄，但这些在接触了新思想的李叔同看来却显得过于呆板和缺乏生机。由于缺乏一定的感情基础，李叔同对这位妻子更多的是一种尊重，而少有恩爱。据统计，李叔同与妻子相处总共七八年的时间。翩翩公子的李叔同将更多的精力和时间放在了与当时的各界名流交往之中。

一方面，天朝大国的不断沦落，李叔同与当时的有志之士一样，为之扼腕叹息，并思考和寻找着救国的方法；另一方面，李叔同又出入梨园，与名伶杨翠喜结下了情缘。这样的分化在我看来，不仅因忧虑民族国家日渐沦丧而不得排解，亦因为情感在俞氏那里得不到满足。无论是什么原因，李叔同第一次真切地感受到了爱情的滋味。他常常为她捧场，还为她写下了《菩萨蛮·忆杨翠喜》：

名伶杨翠喜

燕支山上花如雪，燕支山下人如月。额发翠云铺，眉弯淡欲无。夕阳微雨后，叶底秋痕瘦。生小怕言愁，言愁不耐羞。晓风无力垂杨柳，情长忘却游丝短。酒醒月痕底，江南杜宇啼。痴魂销一捻，愿化穿花蝶。帘外隔花阴，朝朝香梦沾。

好景不长，杨翠喜被段芝贵作为贿赂品赠送给了北京庆亲王奕劻之子载振，从此与君绝。缘分已尽，但情未断，作为李叔同第一个付出真情的女子，带给他无尽的哀伤和思念而无处化解。

与此同时，因李叔同曾公开宣称"南海康君是吾师"，还支持百日维新。因此，当戊戌变法失败后，他曾被人怀疑是康党而意欲抓捕。感情失败和身陷危境促使他与母亲南下上海。

二、城南草堂

到了上海之后，李叔同与母亲在法租界租了房子，暂时居住下来。上海作为近代知识分子的聚集地和活跃地，文化艺术的氛围相当浓厚,李叔同在此结识了许幻园。许幻园作为上海文学界的领袖,非常赏识李叔同递交给文社和现场命题的文章,不仅邀请他加入文社,还腾出城南草堂一处,邀请他一家居住。可见,许幻园是一位爱才惜才的伯乐,有了他的赏识和支持,李叔同在上海如鱼得水,开始充分发挥自己的才华,由一名翩翩少年成长为才华横溢的风华才子。

在城南草堂的日子是如此地惬意,李叔同经常与志同道合的许幻园对酒当歌,诗文相和。李叔同的母亲与许幻园的妻子宋梦仙情投意合,经常为梦仙抓药,照顾在梦仙左右。梦仙去世后,李叔同的母亲也一时难以走出失去知己的阴霾。当然,令李叔同更加欣慰的是,他不仅结交了许幻园这样一位知己,还相继结交了蔡小香、袁希濂和张小楼,他们五人于一九〇〇年春天正式成为"天涯五友"。五人志趣相投,诗词相和,其乐融融,成为流传历史的一段佳话。

除了加入文社,加入"天涯五友"之外,李叔同还与朱梦庐、乌目山僧等人成立了"上海书画公会"。上海书画公会编辑出版一份书画周报,李叔同任主编。因此缘分,李叔同的书画金石造诣引起了同行的瞩目。

天涯五友图

虽然身处上海,过着闲情逸致的高雅生活,但作为一个具有爱国情怀的青年,李叔同怎能将国家的危亡置于脑后呢？他时刻关心着发生在家乡天津的战事,并为那里乡亲的生死处境而难过忧虑。一九〇一年三月底,李叔同决定回家乡看看。一路上,他亲眼所见破败的祖国山河,不禁悲从中来:"新鬼故鬼鸣喧哗,野火燐燐树影遮……""世界鱼龙混,天心何不平？岂因时事感,偏作怒号声。烛尽难寻梦,春寒况五更。马嘶残月堕,箫鼓万军营。"(《遇风愁不成寐》)

"杜宇啼残故国愁,虚名遑敢望千秋。男儿若论收场好,不是将军也断头。"(《感时》)这一些诗句是他当时内心悲愤无奈的宣泄,体现了他作为传统知识分子的一种为民族国家面临侵略的深忧意识和企望尽忠报国的愿望。不久,李叔同由天津返回上海。在上海,他将此次回乡途中之见闻感受写成《辛丑北征泪墨》一文,并将途中所作诗词用在其间,准备出版。同时,他还将此文中的诗词另外出版,其师赵幼梅题词。据说,此文一出,李叔同在上海文坛崭露头角,人称:"豪华俊眺,不可一世。"

此次返回上海后,李叔同以李广平为名报考了南洋公学。南洋公学创办于一八九六年,聘蔡元培先生任教。南洋公学改变传统的办学思路,参照西方的办学模式,除了开设有师范班、铁路班和中学、小学等,还开设有特班。清朝末年的科举考试中还设有经济特科,所谓的特班,就是教授外语和西学,未来择优保送经济特科,以培养国家的新式人才和洋务运动的骨干。蔡元培先生就是此特班的中文总教习。因此,后人一般认为,李叔同、黄炎培、谢无量、胡仁源等人均为蔡先生的得意门生。

蔡先生对弟子们说:"老师讲解辅导只是一个方面,而且是次要方面,主要靠你们自己去认真阅读领会。我的方法是,要求每人每天必须写出一篇阅读札记,交上来由我批阅。"蔡先生那时会让他们每天都要交一篇札记,然后进行批改。不仅如此,蔡先生还经常与其学生聚在一起,谈论感想,交流心得体会。李叔同等人在这样的教学方式中既感受到了宽松的思考氛围,又通过交流而不断提升了自己的水平。李叔同的同学邵力子后来写了一篇《我所追念的蔡先生》,在文中他记载道:"他以名翰林,受盛宣怀氏礼聘来做我们的国文总教习,他当然不能明白地鼓吹革命,但早洗尽一切官僚教育的习气。他教我们阅读有益的新旧书籍,他教我们留意时事,他教我们和文汉读,他教我们以种种研究学术的方法。他不仅以言教,并且以身教,他自己孜孜不倦，终日致力于学问。他痛心清政的腐败，以及国势之阽危，忧国的心情不时流露于辞色。他具有温良恭俭的美德，从不以疾言厉色待人……"可见，蔡元培不仅仅是一位学识渊博、思想自由的师者，更是一名具有忧国忧民意识，具有使命感和责任感的传统知识分子。他除了给学生传授知识和治学方法，也极力培养他们的爱国情怀。在他的影响下，学生们都受益良多，进步迅速。比如，李叔同就写了一篇《论强国对弱国不守公法之关系》的文章，流传至今。除了中文方面的训练外，蔡元培也很重视学生们对外语的学习。他说："现在中国被西洋各国欺侮到这等地步，我们要'知己知彼，百战不殆'，认清自己的弱点，也要了解国际大势。而要了解国际，必须通晓外国文字，读外国书刊。英文是要读的，学日文也好，从日文中同样可以了解国际情况。大家除了在中学部插班学习英文，还可以跟我学日文。我不能说日语，但能看书，用我的看书法教你们学习日文笔译。……大家可以边学习日文边做翻译，既学会了日文，也引进了西方新学，介绍了国际形势，以一新国人耳目。"可以说，李叔同的日语基础就是在蔡元培先生这里打下的，也是

蔡元培先生像

先生一手培养的，这为他后来留学日本在语言上创造了有利条件。在蔡元培的教导下，他先后译出了《法门径书》（玉川次致著）、《国际私法》（太田政弘等著），后以李广平为名出版发行。这体现了李叔同在学习语言上的天赋。然而，这种宽松融洽的治学、教学气氛却没有持续很久，南洋公学中学部第五班教员郭振瀛便开始压制学生的进步思想，不许他们读《新民丛报》等报刊。一日，他看到桌上竖有一空墨水瓶，便认为是学生故意为之，对他进行欺侮，由此要求校方开除相关学生。然而，此时校方并没有调查真相，也未

考虑去保护学生的利益,反而是助纣为虐地开除了学生。当时,蔡元培出面求情都毫无回旋的余地。事情发展到这种态势,南洋公学的学生们积压许久的不满瞬间爆发了,他们全然不顾自己的命运和前途,毅然选择了退学。与此同时,蔡元培也愤然辞职了。退学后的学生,有许多后来成了辛亥革命的骨干力量,不得不说,这与他们在校时受到蔡元培先生进步思想的影响有着密切的关系。

离开南洋公学后,李叔同于一九〇三年在上海圣约翰书院教授国文。在此期间,李叔同参加过两次科举考试,但均落榜。自此他对科举考试已是了无挂心。一九〇四年,在上海南市他与许幻园、黄炎培、马相伯等创立"沪学会",通过演说和补习班,对民众,尤其是青年人进行进步思想的启蒙,如倡导婚姻自由等。李叔同还为此专门写了《文野婚姻新戏册》,以期通过戏剧的形式来宣传新思想、新风俗。不仅如此,李叔同还邀请从日本留学回来的音乐家沈心功在沪学会开设音乐课,他自己也用功学习西方音乐。之后,他为沪学会创作了《祖国歌》:

> 上下数千年,一脉延,文明莫与肩。纵横数万里,膏腴地,独享天然利。国是世界最古国,民是亚洲大国民。呜呼,大国民!呜呼,唯我大国民!幸生珍世界,琳琅十倍增声价。我将骑狮越昆仑,驾鹤飞渡太平洋。谁与我仗剑挥刀?呜呼,大国民!谁与我鼓吹庆升平?

这首歌曲,"一经教唱,即由沪学会传遍沪地,传遍全国,首创了国人用民族曲调配制乐歌的新风,李叔同也一举成为闻名全国的乐歌音乐家"(秦启明语)。李叔同的高足丰子恺后来回忆说:"我的故乡石门湾,是一个很偏僻的小镇,我们的金先生也教我们唱这歌曲。我还记得,我们一大群小学生排队在街上游行,举着龙旗,吹喇叭、敲铜鼓,大家挺起喉咙唱这《祖国歌》和劝用国货歌曲,那时我还不认识李先生,也不知道这歌曲是谁作的。"可见,李叔同具有与生俱来的音乐天赋和无与伦比的音乐才华,如此才能在第一次的歌曲尝试中便达到了众人皆唱,传遍华夏的效果。《祖国歌》赞美了中华民族的土地辽阔,历史悠久,文化富足,从而鼓舞了国人同仇敌忾的士气,唤起了人们热爱祖国的情怀,起到了凝聚民心的作用。在战争年代,在中华民族受辱之时,在中国人民迷茫无助的时刻,这首歌曲带来的精神力量是巨大的。实际上,除了李叔同自身的天赋和才华造就了这首脍炙人口的歌曲之外,也与国人在面对外侮而奋力抵抗的内心有关。

可以说,李叔同在上海城南草堂的岁月是愉快舒心的。这是因为有母亲的陪伴与疼爱,有众多志同道合师友的相互切磋、互相促进,也因为有草堂天人合一的自然美景。李叔同的《清平乐·赠许幻园》以诗情画意的方式记载了这一美好时光:

城南小住,情适闲居赋。

文采风流合倾慕,闭户著书自足。

阳春常驻山家,金樽酒进胡麻。

篱畔菊花未老,岭头又放梅花。

然而,快乐永远是转瞬即逝的,无常却是人生的真相。自从许幻园的夫人宋梦仙去世后,李叔同的母亲亦失去了一位知己,本来就孤独的她日益沉闷忧郁下去,于一九〇五年三月十日与世长辞,终年四十六岁。李母的去世也带走了李叔同的牵挂和最幸福的日子,以至于日后与弟子丰子恺提到此段的生活时说:"我从二十岁到二十六岁之间的五六年,是平生最幸福的时候。"又说,"我母亲不在的时候,我正在买棺木,没有亲送。我回来她已经不在了!还只有四十几岁!"可以说,母亲的去世对他的打击是巨大的。自从父亲去世后,他们母子便相依为命。母亲在李家的地位他都看在眼里,母亲在家族中所遭受的委屈他也都知晓。如今母亲不在了,李叔同要让母亲安心地离去。李叔同将母亲的灵柩送回天津,他要为母亲办一个意义深刻却又与众不同的葬礼。母亲的灵柩到达天津的时候,李叔同要求灵柩由正门入宅院。李叔同的二哥却不同意,坚持"外丧不进门"。后来,在李叔同的坚持下,二哥才有所妥协。待一切办妥之后,李叔同一个人走进母亲的房间,睹物思人,他坐到钢琴前面,为母作了首歌:

哀游子茕茕其无依兮,在天之涯。

惟长夜漫漫而独寐兮,时恍惚以魂驰。

梦偃卧摇篮以啼笑兮,似婴儿时。

母食我甘酪米粉饵兮,父衣我以彩衣。

哀游子怆怆而自怜兮,吊形影悲。

惟长夜漫漫而独寐兮,时恍惚以魂驰。

梦挥泪出门辞父母兮,叹生别离。

父语我眠食宜珍重兮,母语我以早归。

月落乌啼,梦影依稀,往事知不知?

泪半生哀乐之长逝兮,感亲之恩其永垂。

李叔同为母亲办了一场与众不同的追悼会,在追悼会上,他抚琴弹唱:"松柏兮翠蕤,凉风生德闱。母胡弃儿辈,长逝竟不归!儿寒谁复恤?儿饥谁复思?哀哀复哀哀,魂兮归乎来!"除了弹唱悼母的歌曲外,李叔同还改变了孝子跪地念祭文,而是采用致悼词的方式。同时,孝子们并未披麻戴孝,而是穿着黑色衣服。李叔同这种新式的悼念方式引起了各方关注,天津《大公报》还对此做了三次报道。在第三次报道中对参加追悼会的各级名流分别进行了说明。因而,社会上的人纷纷相传:"李三爷办了一件奇事。"

安葬好母亲以后,李叔同如同无根的浮萍,再也没有牵挂。他萌生了出国的念头,从而通过《金缕曲》来宣泄自己这一刻的情感:

披发佯狂走。莽中原,暮鸦啼彻,几枝衰柳。破碎河山谁收拾?零落西风依旧,便惹得离人消瘦。行矣临流重太息,说相思,刻骨双红豆。愁黯黯,浓于酒。

漾情不断淞波溜。恨来年絮飘萍泊，遮难回首。二十文章惊海内，毕竟空谈何有？听匣底苍龙狂吼。长夜凄风眠不得，度群生哪惜心肝剖！是祖国，忍孤负。

三、留学日本

母亲的离世让李叔同了无牵挂，带着挽救民族国家的雄心，他来到了日本，期望为祖国的生存发展寻求一些办法与出路，同时，也要为自己悲伤虚无的内心寻找一个出口。"听匣底苍龙狂吼。长夜凄风眠不得，度群生哪惜心肝剖！是祖国，忍孤负。"这首作品，正是他内心的呐喊。虽然他自出生以来就是命运的宠儿，对他个人来说，衣食无忧，不用为生计费心，还可留学他国，但即便如此，面对破碎的山河，民族的沦落，生民的哀号，他不可能做到只顾自己而不考虑尽己之力如何改变这样境况的问题。可以说，李叔同与同时代的许多知识分子一样，大都生于传统富贵之家，却胸怀着祖国生民的前途与命运；可以说，这种慈悲情怀正是李叔同后来出入艺术，皈依佛门的根器与萌芽之所在。留学选择日本，是当时大的时代风气之所致，有识之士对于日本通过明治维新而变为亚洲强国的过程和经验非常感兴趣，因此纷纷留学日本，强调一切有关社会政治方面的事务都要向外国学习。李叔同也不例外，他通过学习日本的艺术并将所学引进中国，从而成为将外国艺术引入中国的开拓者。在日本，可以说，李叔同将自己的艺术才华发挥得淋漓尽致。其在异国他乡留下的艺术作品和艺术形象，至今仍被当地的艺术家们所称道。

在日本，李叔同求学的目标是学习美术和音乐。这是因为，由于他之前所作的《祖国歌》唱遍了中华大地，为人们注入了强大的精神力量，因而通过这件事，李叔同认为，音乐对于救国是有一定作用的，至少它可以启蒙和唤醒国人的爱国意识。一九〇六年二月八日，李叔同创

李叔同创办的《音乐小杂志》

办了一份只有六十四开、三十页的被称为我国第一份音乐刊物的《音乐小杂志》,在东京印刷后寄往国内,随即被尤惜阴在上海代办发行。

在这本小杂志中,李叔同详细地表达了他对音乐功能的看法:

> 闲庭春浅,疏梅半开。朝曦上衣,软风入媚。流莺三五,隔树乱啼;乳燕一双,依人学语。上下宛转,有若互答,其音清脆,悦魄荡心。若夫萧辰告悴,百草不芳;寒蛩泣霜,杜鹃啼血;疏砧落叶,夜雨鸡鸣。闻者为之不欢,离人于焉陨涕。又若登高山,临巨流,海鸟长啼,天风振袖,奔涛怒吼,更相逐搏,砰磅訇,谷震山鸣。懦夫丧魄而不前,壮士奋袂以兴起。

> 繄夫音乐,肇自古初,史家所闻,实祖印度,埃及传之,稍事制作;逮及希腊,乃有定名,道以著矣。自是而降,代有作者,流派灼彰,新理泉达,瑰伟卓绝,突轶前贤。迄于今兹,发达益烈。云瀚水涌,一泻千里。欧美风靡,亚东景从,盖琢磨道德,促社会之健全;陶冶性情,感精神之粹美。效用之力,宁有极欤。

可见,李叔同认为,自然界中的音响是有着天然的美感的,但"若夫人为,厥为音乐",这种自然美就在创作的人那里显现出一种人为的美感,这种美感就是艺术。

没多久,李叔同在学习和研究日本音乐中发现,其实日本人音乐作品中的词,好多都是"其词意袭用我古诗者,约十分之九五",可见我们的民族文化对于日本文化有多么重大的影响。但自西学东渐以来,我国的民众和知识分子,已经淡忘和忽视了我们本民族的文化,厚此薄彼,妄自菲薄,十分可惜。李叔同说:"我国近世以来,士习帖括,词章之学,金蔑视之。晚近西学输入,风靡一时,辞章之名辞,几有消灭之势。不学之徒,习为数昌,诋谟故典,废弃雅言。迨见日本唱歌,反啧啧称其理想之奇妙。凡吾古诗之唾余,皆认为岛夷所固有。既齿冷于大雅,亦贻笑于外人矣。"(《呜呼！词章！》)可见,在李叔同看来,日本文化确实吸取了中国传统文化中的许多要素,但在当时民族危机之下,人人都希望向西方学习救国之道,已然忘却了我们本有的宝贵财富,舍本逐末,舍近求远,让人笑话。李叔同在此时更加明确了自己的努力方向,即通过在日本所学的音乐与中国传统文化相结合,通过音乐形式的表达来"琢磨道德,促社会之健全"。对于国内当时的音乐教育,李叔同深表不满,他说:"十年前日本之唱歌集,或有用1、2、3、4之简谱者。今则自幼稚园唱歌起皆用五线音谱。吾国近出之唱歌集与各学校音乐教授,大半用简谱,似未合宜。"因此,李叔同在他的《音乐小杂志》上刊出了他用五线谱谱成的《隋堤柳》《我的国》《春郊赛跑》三首乐歌,推进了在国内推广西方现代作曲法的进程。

倾注了李叔同太多心血的《音乐小杂志》,后来因资本微弱、撰述乏人,加之李叔同兴趣转向他处等原因而停办。但客观上讲,这本杂志开国内音乐杂志之先河,具有不可磨灭的贡献。

一九〇六年九月,李叔同顺利考入东京上野美术学校的西画科,改名为李岸,艺名为息霜,师从黑田清辉、中村胜治郎、长源孝太郎等著名画家学习油画和水彩。值得一提的是,李叔同的到来也引起了日本媒体的注意,并且有记者专门采访了他,还在《国民新闻》上登出了题为《清国人志与洋画》的新闻稿,描述了李叔同房间所挂的画作,包括他自己所作的苹果画,家庭与感情方面的状况等等,从而提高了李叔同在日本艺术界的知名度。就这样,李叔同在名师的教导下进步很快,

李叔同的画作《出浴》

他所作的木炭画《少女像》在行家看来水平已经相当高了，但好学的李叔同依然不断提高自己的专业能力。为了画好人体，他雇用了一名少女做模特，从而创作出《出浴》这一作品。画中的女子刚刚沐浴完毕，坐在椅子上，袒胸露乳，似乎有些疲乏，耷拉着眼皮，似睡非睡，神态迷人。这幅画后来被李叔同带回天津，挂在了书房中。值得一提的是，这位模特在与李叔同的合作过程中相互爱慕，后来结为夫妻，就是被后人经常提及的李叔同生命中不可忽略的日本夫人。正如陈星先生在他的《芳草碧连天——弘一大师传》中写道："这位姑娘原来是干什么的，说法不一，有说她曾是音乐女校预科的学生，有说她曾学过医，等等。但有两点似乎可以肯定，即她是一位知识女性，同时她的家境不好。她同意应聘成为李叔同的模特儿后，他俩的情况与西洋的罗丹的生活遭遇相差不多，即从画家与模特儿的关系，逐步演变成丈夫与妻子的关系。其中因缘与感情发展历程一直是人们追寻的，然而遗憾，人们除了想象演绎以外，别无证据。"无论这位姑娘的出身如何，后来如何生存，都任由后人想象评价，但有一点历史无法抹杀，那就是，她是李叔同爱情的终结者。遇到她之后，李叔同没有再爱过其他的女子，同时，她为李叔同绘画水平的提高提供了相当大的帮助。在日本留学期间，李叔同擅长木炭素描、水彩、油画、中国画、广告、木刻等。学成之后，他将西方的绘画理念和方法引入中国，被后人誉为引入西洋绘画第一人。后来回国后曾在《太平洋画报》任副刊主编时，李叔同就开辟了《西洋画法》的专刊，此乃前无古人之举，为中国画坛注入了新鲜的元素。同为画家的吕凤子曾说："严格地说起来，中国传统绘画改良运动的首倡者，应推李叔同。根据现有的许多资料看，李先生应是民国以来第一位正式把西洋绘画思想引介于我国，进而启发了我国传统绘画需要改良的思潮。而后的刘海粟、徐悲鸿等在实质上都是接受了李先生的影响，进而成为中国传统绘画改良运动的推行者。"由此可见，李叔同对于中国艺术界的贡献是显而易见的。

　　除了绘画以外，李叔同还对戏剧产生了浓厚的兴趣。不得不说，李叔同是一位奇人，他可以在很短的时间内就将一件事情做到极致，甚至超越同行业的许多专家。一九〇六年冬天，他第一次看了川上音二郎夫妇演出的浪人戏，就萌发了要发扬现代戏剧，改造国内戏曲的念头。自此，他就立志要改革中国传统戏剧，并希望能够通过学习日本的戏剧模式，从而宣传革命。他和同学一起创立了春柳社，出演了《茶花女遗事》和《黑奴吁天录》，成为中国话剧的开拓者，其扮演的茶花女至今仍被后人津津乐道。李叔同接触戏剧，出演戏剧人物，不仅仅是因为他的兴趣转向，更是因为他企盼通过戏剧这一种艺术形式来达到唤起国民觉醒，从而达到救国这样一个终极目标。据说，他出演《黑奴吁天录》期间，正在日本留学的鲁迅在台下观看，对后者触动很大。不可否认，他们之间有着相同的目标和救国理念。鲁迅弃医从文，深感救身不如救心，为低下的国民性所忧虑，可谓哀其不幸，怒其不争。他想通过文学这种艺术形式来唤醒国民，改造国民性，从而达到救国的目的。可以说，李叔同与鲁迅都是以艺术救国的典范。

　　《茶花女遗事》是春柳社为国内徐淮赈灾的公益演出，几个角色都是男生扮演的，李叔同扮演的是主角茶花女。伴随着帷幕拉开，一个充满乡村气息的舞台背景和一位美丽而虚弱的玛格丽特女士跃入观众的眼中。这个时候的李叔同，身着白色蕾丝长裙，一头美丽的秀发，用中文表演玛格丽特倾诉衷肠，优雅而又逼真。这次演出收获了铺天盖地的赞誉，甚至连日本戏剧家藤泽浅二郎和松居松翁在李叔同演出结束后也到后台给予祝贺。松居松翁与李叔同握手，并赞叹道："我

李叔同的茶花女扮相

在观看你演出的过程中,想起了在孟玛德小剧场观摩同一话剧的情景,你和法国大表演艺术家裘菲列扮演的椿姬(茶花女)都非常优美动人,感人肺腑。我被你的演出深深地吸引住了。只要坚持下去,你们春柳社的前景不可限量呢!"松居松翁对李叔同的评价非常到位,他的确是一位奇才,而且是在接触戏剧短短的时间内,就能将一个角色诠释得如此鲜活,可以说达到了一种极致。正因为如此,松居松翁对于李叔同的戏剧才华一直难以忘怀,以至于他后来在《芝居》杂志上写道:"中国的俳优,使我佩服的便是李叔同君。当年他虽仅仅是一个留学生,但他组织的'春柳社'剧团,在乐座上演椿姬(茶花女)一剧,实在非常好。不,与其说这个剧团好,毋宁说这位饰椿姬的李君演得非常好。化装虽简单些,却完全是根据西洋风俗的。……尤其是李君的优美婉丽,绝非日本的俳优所能比拟。我当时看过以后,顿时又回想到孟玛德小剧场所见裘菲列表演的椿姬,不觉感到十分兴奋,竟跑到后台和李君握手为礼了。"不仅如此,当时在台下观赏的一名学生也深受震动。李叔同的演出极大地鼓舞了他,并促使他尽其一生来致力于戏剧事业,终于成为中国著名的戏剧家,他就是欧阳予倩。在《自我演习以来》中,他回忆道:"这一回的表演可说是中国人演话剧最初的一次,我当时所受的刺激最深。我在北平时曾读过《茶花女》的译本,这戏虽然只演阿尔芒的父亲访马克(玛格丽特)和马克临终的两幕,内容曲折,但我非常明白。当时我很惊奇,戏剧原来有这样一个办法! 于是我很想接近那班演戏的人,我向人打听,才知道他们有个社,名叫春柳。我有一个四川同学和曾孝谷最接近,我便因他得识曾君,只见了一次面,我就入了春柳社。"由此可见,《茶花女遗事》一鸣惊人,轰动了当时的演艺界,也流传至今,以至于当人们谈起李叔同时,除了出家一事,更多地会想到他所扮演的茶花女一角。《茶花女遗事》一剧的成功,鼓舞了志在艺术的青年,也表达了李叔同等人对于中国不平等现象的批判,声援了正在反封建的革命党人的革命事业。正如徐半梅所言："世界各国的戏剧，差不多都是以话剧为主，歌剧为宾；独有我们中国情形不同，一向只有以歌舞为主的戏剧。所有的戏，都以唱为本位，所以演戏称为'唱戏'，看戏以外无戏剧。"他对李叔同所演的《茶花女遗事》是如是评价的："这第一次中国人正式演的话剧，虽不能说好，但比国内已往的素人演剧，总能够说像样的了。因为既有了良好的舞台装置，而剧中人对白、表情、动作等等，绝对没有京剧气味，创造出一种新的中国话剧来了。"由此可见，春柳社的成立和《茶花女遗事》的上演，正式改变了中国传统的戏剧模式，开启了中国话剧之先河。从他们开始，在一九〇八年以后几年的时间里，逐渐出现了众多倡导话剧的团体。可见，李叔同等人对于中国话剧的开启与发展，贡献是巨大的。

四、为人师表

在日本的几年中，李叔同并没有虚度光阴，他的生活是充实且颇有成就感的。其在音乐、美术、戏剧等艺术方面均取得了辉煌的成就，从而成为人们心目中的一代风华才子。时光飞逝，离开日本的时间到了。一九一一年三月，李叔同从东京美术学校毕业，结束了他五年的求学生涯，并带着美丽的日本妻子和满满当当的艺术品以及众人的赞誉荣归故里。回国后李叔同首先来到上海，他将妻子雪子安置妥当之后，又回到天津，将他以雪子为模特的裸体图挂在了书房中。

一九一一年十月，辛亥革命推翻了延续两千多年的封建帝制。一九一二年一月一日，中华民国临时政府在南京成立，孙中山出任临时大总统。时局的动荡令李叔同家的生意遭受了重大打击，从而使其在经济方面严重亏损，但是与推翻帝制成立共和政府这一大快人心之事相比，家族的事情在李叔同的心里并未停留太久。他深受大革命的鼓舞，意气风发，提笔写下了《民国肇造有感》："皎皎昆仑，山顶月,有人长啸。看囊底,宝刀如雪,恩仇多少。双手裂开鼷鼠胆,寸金铸出民权脑。算此生,不负是男儿,头颅好。荆轲墓,咸阳道。聂政死,尸骸暴。尽大江东去,余情还绕。魂魄化成精卫鸟,血花溅作红心草。看从今,一担好山河,英雄造。”由其所写诗词可见,李叔同是非常支持革命党人救国救民英雄举动的,并表现出了无比钦佩之情。从中也可以看出,李叔同是一位爱国爱民的艺术家,虽然他与革命党人的革命救国路径不同,但却有着共同的目标,那就是:希望祖国早日摆脱受凌辱的不利局面,早日强大起来。

由于家族产业遭受重创,家族经济严重萎靡,致使“桐达李家”失去了往日的富贵景象,因而李叔同不得不考虑生计的问题。作为丈夫和父亲,他要养两位妻子和两个年幼的孩子,他自此不得不挣钱养家了。在这样的背景下,李叔同于一九一二年又回到了上海,应杨白民的邀请,任教于城东女校,主教文学和音乐。城东女校虽然是一所私立学校,但聚集了很多名流在此教书,比如黄炎培、包笑天、吕秋逸等人。任教城东女校期间,李叔同还兼任《太平洋报》的主编之一。《太平洋报》创办于一九一四年,主编为柳亚子,其他主编为胡朴安、胡寄尘、苏曼殊等人,其成员大多是同盟会的会员,而李叔同的工作就是负责整个报纸的美工和广告设计。当时,他的这项工作得到了同事孤芳的极力赞扬,孤芳在后来所写的《忆弘一大师》一文中说:“他关于广告的设计,很有研究。在那时候中国报纸的广告,除了文字之外,是没有图案的,只有《太平洋报》的广告有文字、有图案,都是法师一人所经营的。而且他设计的广告、文字和图案,都很简单明显,很容易引起读者的注意,但是他没有一点市侩气。这是法师平日读书养气功夫很深的缘故。”不仅如此,我国著名的报刊史专家方汉奇也说李叔同“是中国广告艺术的

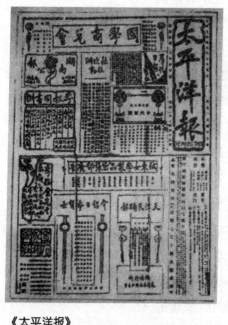

《太平洋报》

开创者"。"这个报纸由著名画家李叔同（弘一法师）担任广告设计，代客户进行美术加工，所刊广告有较高的艺术性，很可吸引读者，为其他报纸所不及"。由此可见，李叔同在美工方面的造诣及对后人的影响是不容忽视的。

在此期间，李叔同还将苏曼殊的长篇小说《断鸿零雁记》连载在《太平洋报》上，并请著名画家陈师为其配图。不仅如此，他还将莎士比亚的《墓志铭》译成近代英文，避免了原文的古奥难解，之后还用隶书书写"沙翁墓志"四字。当然，李叔同也曾刊发过自己的诗词作品。如两首《题丁慕琴绘黛玉葬花图》，借林黛玉对于落花飘零的哀怨来抒发自己身处喧嚣俗务中的自怜之情：

> 收拾残红意自勤，携锄替筑百花坟。
>
> 玉钩斜畔隋家冢，一样千秋冷夕曛
>
> 飘零何事怨春归，九十韶光花自飞。
>
> 寄语芳魂莫惆怅，美人香草好相依。

从李叔同的作品里我们可以发现，城东女学和《太平洋报》的工作并未让他感到充分的满足感，反而是在忙碌之余深感落寞。他认为自己在世俗中还没有找到属于自己的位置，一切只是为了生计而奔波，内心缺乏充实感。就在袁世凯篡夺革命果实之后，《太平洋报》也因负债而停刊了。本想依靠城东女学，但在此校收入甚少，不足以维持妻子和孩子的生活。于是，经过再三考虑，李叔同辞去了这一教职，前往杭州去寻找新的工作机会。

杭州历来是文人墨客心中所属之地，这里的宁静、幽雅、淡泊都深深地吸引着他们。李叔同此次是受经亨颐所邀，到这里的浙江第一师范学校任教的。浙一师当时人才济济，沈钧儒、沈尹默、马叙伦、鲁迅、朱自清等知识分子精英在此任教。经亨颐与李叔同有着相同的爱好，他也是金石书画无一不通，与夏丏尊、李叔同同时加入西泠印

经亨颐像

社。因此,经亨颐和李叔同是非常要好的朋友。经亨颐此次邀请李叔同任教,不仅因为他早就认识李叔同,并且非常赏识他的艺术功底和才华,同时也想让他担任浙一师新开图画音乐专修科的教师。在当时,国内教育界都很轻视绘画和音乐,也往往轻视担任这些课程的老师。因而,在西画课程上苦于没有这方面的人才,只能聘请日本教师担任。现如今,李大才子学成归国,将西画和西洋音乐的知识和技能带回了祖国,这样既可以拓宽国人的视野,也可以填补师资缺乏的空白。李叔同的到来,使得倡导人格教育、重视艺术教育的校长心满意足,无比欣慰。在这里,李叔同待了整整六年,开设了素描、油画、水彩、图案、西洋美术史、弹琴、作曲、写生等课程。实际上许多课程都是中国近代艺术教育史上的第一次。

来到浙一师以后,李叔同改变了他曾经在日本的着装,改为布衣长衫、布底鞋子,显得非常朴素。学生们听说李叔同教他们西画和音乐,倍感期待,因为他们久闻李叔同的大名,知道他既是一位锦衣玉食的富家公子,也是一位才华横溢的归国留学生。但是,当他们正式见到这位新老师之时,却无比诧异,因为这位老师不是他们想象的那样风流倜傥,而是非常朴素。更让他们惊奇的是,李叔同第一次上课,就能准确无误地叫出他们大多数人的名字。

可以说,李叔同是一位非常严肃认真的老师,他要求学生们倾注大量的精力和时间来练习艺术课程。

音乐课上,他每次都早早就去,将这节课要讲的要点提前写在黑板上,然后,整理好教案,安静地坐着等学生来上课。同时,他每个礼拜给学生上一次弹琴课。他一般先弹奏一遍,然后指导学生学习,一周之后,学生得再到李叔同这里弹奏给他听。据丰子恺回忆:"摇过预备铃,我们走向音乐教室(这教室四面临空,独立在花园里,好比一个温室)。推门进去,先吃一惊:李先生早已端坐在讲台上。以为先生还没有到而嘴里随便唱着、喊着,或笑着、骂着而推门进去的同学,吃惊更是不小。他们的唱声、喊声、笑声、骂声以门槛为界线而忽然消灭。接着是低着头,红着脸,去端坐在自己的位子里。再偷偷地仰起头来看,看见李先生高高的瘦削的上半身穿着整洁的黑布马褂,露出在讲桌上、宽广得可以走马的前额,细长的凤眼,隆正的鼻梁,形成威严的表情。扁平而阔的嘴唇两端常有深涡,显示和蔼的表情。这副相貌,用'温而厉'三个字来描写,大概差不多了。讲桌上放着点名簿、讲义,以及他的教课笔记簿、粉笔。钢琴衣解开着,琴盖开着,谱表摆着,琴头上又放了一只时表,闪闪的金光直射到我们的眼中。黑板(是上下两块可以推动的)上早已清楚地写好本课内所应写的东西(两块都写好,上块盖着下块,用下块时把上块推开)。在这样布置的讲台上,李先生端坐着。坐到上课铃响(后来我们知道他这脾气,上音乐课必早到。故上课铃响时,同学早已到齐),他站起身来,深深地一鞠躬,课就开始了。这样地上课,空气严肃得很。"可见,李叔同不管做什么事情都是极其认真的,以前在艺术界进行艺术创作如是,如今做教师亦如是。在李叔同的热诚教育之下,他带活了浙一师的艺术氛围,学生们在老师的感召下,对艺术也逐渐产生了浓厚的兴趣,学习艺术课程也刻苦了很多。据说,浙一师的学生们天还没亮就要抢占琴房,苦练琴艺,下午课间,他们依然练琴,气氛非常活跃。正如夏丏尊所言:"我担任舍监职务,兼教修身课,时时感觉对于学生感化力不足。他教的是图画、音乐二科,这两

浙江第一师范学校

种科目，在他未来以前，是学生所忽视的。自他任教以后，图画、音乐忽然被重视起来，几乎把全校学生的注意力都牵引过去了。课余但听琴声歌声，假日里常见学生出外写生。这原因，一半当然是他对于这二科实力充足，一半也是由于他的感化力大。只要提起他的名字，全校师生以及工役没人不起敬的。他的力量，全由诚敬中发出，我只好佩服他，不能学他。"学生们尚且如此，在教学相长的过程中，李叔同的才华也得到了更多地激发。在浙一师这段时间，他陆续创作了多首脍炙人口的歌曲。他喜欢为中外名曲配词，也喜欢给他人的诗词配曲，如他为欧阳修的《春景》、杜牧的《秋夕》、温庭筠的《利州南渡》等古代诗词人配曲。同时，他还利用英国音乐家 J. P. 奥德威的《梦见家和母亲》的曲子为自己的词配曲，从而诞生了流传至今的《送别》：

> 长亭外，古道边，芳草碧连天。晚风拂柳笛声残，夕阳山外山。天之涯，地之角，知交半零落。一瓢浊酒尽余欢，今宵别梦寒。长亭外，古道边，芳草碧连天。晚风拂柳笛声残，夕阳山外山。

《送别》不仅被当时的人们所广泛传唱，影响广大，而且当今学人评价也很高。比如田青曾说："自从有了王维，唐人离别，便可唱：'劝君更尽一杯酒，西出阳关无故人。'自从有了柳永，宋人离别，便可唱：'执手相看泪眼，竟无语凝噎。'自从有了弘一，今人离别，便可唱：'长亭外，古道边，芳草碧连天……'"可见，《送别》在诗词艺术史上的地位之所在。新中国成立以后，电影《早春二月》和《城南旧事》都选其作为插曲或者主题曲，可见其影响之大。

电影《城南旧事》剧照

除了《送别》外，李叔同还利用美国通俗歌曲作者海斯的《我亲爱的阳光明朗的老家》的曲子为自己配曲，创作了

《忆儿时》：

> 春去秋来，岁月如流，游子伤飘泊。回忆儿时，家居嬉戏，光景宛如昨。茅屋三椽，老梅一树，树底迷藏捉。高枝啼鸟，小川游鱼，曾把闲情托。儿时欢乐，斯乐不可作。儿时欢乐，斯乐不可作。

这首《忆儿时》，透过忧伤舒缓的旋律，李叔同似乎又回到了早年的家，回到了母亲的怀抱，表达了他对于人事已逝的悲伤和怀念，有一种怀旧之感。因此，这首歌曲反响也很大，广为传唱。这不得不说，李叔同的精神世界与听者的内心在音乐交会处融合，从而能够得以产生共鸣。

在这里，有必要指出的是，李叔同还将写生课引进了绘画的课堂。写生就是通过面对实物，用目测法进行木炭写生，这是训练学生绘画基本功最有效、最科学的方法。可是，中国传统以来的绘画训练都是临摹画帖，主要是将已有的画作重复一遍。李叔同通过写生的方式训练学生的绘画水平，开了中国绘画教育之先河。在教室里，学生们观察着实物，用木炭画着，李叔同则在他们中间走来走去，以便发现学生的问题，常常亲自指导。除了在室内写生以外，李叔同还带领学生们去西湖以及其他风景区写生，此为野外写生。经过严格的训练，学生们夯实了基本功，绘画技能都得到了不同程度的提高。在此之后，李叔同决定开设裸体写生课。他对学生们说："通过前一阶段的学习，你们已有了面对实物进行素描写生的初步技能，但这还远远不够。绘写人物形象，是绘画内容中的基本部分，也是绘画艺术的基本技能，我们必须学会如何画人物。当然，临摹人物画也是一种途径，但和其他临摹方法一样，并不是根本途径。为了掌握人物画的基本画法，从现在起，我们开始学画人物写生。"话音一落，学生都窃窃私语，无比兴奋。李叔同领进一位男子，这位男子披着一床薄棉被，站到桌子上面，之后褪掉棉被，身体全部展现在学生面前。学生们由于从未见过裸体，有的有点羞涩，有的有些不解，也有的感觉有点好笑，但很快便沉浸在艺术的美感中去了。可以说，这次裸体写生课是中国国内的第一次，虽然它弥补了中国美术教育方面的空白，但还是被一部分人认为是"大逆不道"，但这并不能抹杀李叔同的贡献。

除了音乐和写生外，在李叔同的推动下，学生们还成立了"乐石社"，用以指导学生学习金石、木刻。在此期间，李叔同指导学生们编成一本《木版画集》。李叔同在美术领域的贡献被美术家吕凤子这样评价："严格地说起来，中国传统绘画改良运动的倡导者，应推李叔同。根据现有的许多资料看，李先生应是民国以来第一位正式把西洋绘画思想引介我国，进而启发了我国传统绘画需要盖朗的思潮，而后的刘海粟、徐悲鸿等，在实质上都是接受了李先生的影响，进而对中国传统绘画改良运动的推行者。"

不仅如此，李叔同还是我国最早撰写欧洲文学史的人。他在浙一师期间，创办了《白阳》杂志，以此为平台介绍西洋的文学艺术。其中他那关于《近世欧洲文学之概观》的文章，还是中国人研究欧洲文学史的开山之作。

李叔同作为一名教师，他也非常注意自己的言行，对于学生的不良行为，他一般试图通过一定的方式对其进行感化教导。因此，他是深受学生敬佩和爱戴的好老师。有学生随地吐痰，李叔同并没有当众指责这位同学，而是等到下课之后，只剩下他一人时，告诉他："下次上课时不要把痰吐在地板上。"然后鞠躬送别。有学生上课不认真，看别的书，李叔同也是用同样的方法，将他先留下，然后告诉他："下次上课时不要看别的书。"这种方式，不仅保留了学生的面子，还让他们在保有尊严的前提下认识到自己的错误之所在，心甘情愿地听从老师的教导。丰子恺将李叔同形容为"温而厉"。曹聚仁在《我们的李先生》一文中写道："在我们的教师中，李叔同先生最不会使我们忘记。他从无怒容，总是轻轻地像母亲一般吩咐我们……同学中也有愿意跟他到天边的，也有立志以艺术作终身事业的。他给每个人以深刻的影响。"当时有同学言："我情愿被夏木瓜骂一顿，李先生的开导真是吃不消，我真想哭出来。"可见，李叔同的教育方式是温和中透着严厉，他的言行让做错事的学生有种自惭形秽之感。老师这个职业伟大而又神圣，老师的一言一行直接地影响着学生的一生，甚至老师的某一句话都会成为某一个学生人生转折的原因之所在。因此，浙一师的学生们遇到李叔同是何等的幸运！李叔同在为人师表的六年当中，教育出了大量的艺术人才，在这当中成绩斐然的有：丰子恺、刘质平、吴梦非、曹聚仁等。李叔同自己也非常有成就感，他出家后在给侄子李圣章的信中写道："任杭教职六年，兼任南京高师顾问者二年，及门数千，遍及江浙。英才蔚出，足以承绍家业者，指不胜屈，私心大慰。弘扬文艺之事，至此已可作一结束。"在这些英才中，丰子恺和刘质平与李叔同交往最深，亦是李叔同最为得意的弟子。

丰子恺小的时候，与同学一起唱过《祖国歌》，从而与李叔同结下了不解之缘。当时他并不知道这首歌的作者是谁，只是知道这首歌在当时唱遍大江南北，起到了振奋人心、鼓舞士气的作用。待他来到浙一师上学之时，才了知他所崇敬的李先生就是这首歌曲的作者。丰子恺当时是班长，因而经常会有去李叔同房间报告的机会。有一天，李叔同鼓励他说："你的图画进步很快，我在南京和杭州两处教课，没有见过像你这样进步快速的学生。"丰子恺大受鼓舞，他从此舍弃了原来"研究古文，或进理科大学研究理化，或入教会学校研究外国文"的理想，竭尽全力去提高自己的绘画水平，最终成为一位著名的画家。多年以后，丰子恺回忆："这一晚一定是我一生中一个重要关口，因为从这晚起，我打定主意专门学画，把一生奉献给艺术，直到现在没有变志。"李叔同仅仅几句话，就决定了他一生的职业选择，从中可见，李叔同在学生心目中的地位近乎神圣，他的话语近乎圣言。

最让丰子恺以及后人感动的一件事，就是李叔同代学生赔罪保全学生学籍。浙一师有位教育主任姓杨，其行事为人很让学生反感与讨厌。丰子恺当年年轻气盛，与这位杨主任打了起来。杨主任没有打过丰子恺，因此结恨在心。他强烈要求学校召开全校师生大会，专门商讨如何处理丰子恺的问题。在会上，杨主任主张将丰子恺打他一事上报并要求开除丰子恺。李叔同此时站了起来，他不满杨的做法，并据理力争道："学生打先生，是学生不好；但做老师的也有责任，说明没教育好。不过，丰子恺同学平时尚能遵守学校纪律，没犯过大错。现在就因了这件事开除他的学籍，我看处理得太重了。丰子恺这个学生是个人才，将来大有前途。如果开除他的学籍，那不是葬送了他的前途吗？毁灭人才，也是我们国家的损失啊！"接着又说，"我的意见是：这次宽恕他一次，不开除他的学籍，记他一次大过，教育他知错改错，我带他一道去向杨老师道歉。这个解决办法，不知大家以为如何？"李叔同的意见，得到了绝大多数教师的认可和赞同，杨主任也无可奈何，至此才保住了丰子恺的学籍，挽救了他的前途。从这件事来看，李叔同对学生的态度是一种慈悲宽容，更是一种爱才惜才。这符合他的气质禀赋。经过这件事后，丰子恺对老师更加尊敬了，师徒二人的感情得到了进一步的升华。丰子恺说："李叔同先生是我一生最钦佩的人，也是我一生最崇拜的人！"但是，李叔同并非一味地袒护学生，私下里的时候，他还是教育了丰子恺。他告诉丰子恺："所谓'先器识而后文艺'，译为现代话，大约是'首重人格修养，次重文艺学习'。更具体地说，'要做一个好的文艺家，必须先做一个好人'"。先生的话，丰子恺全都铭记在心，在一生的艺术生涯中，一直都严格要求自己，努力使自己的道德修养不断提升。不仅如此，李叔同还无微不至地提携着丰子恺，教他日语，带他与日本著名作家一起写生。丰子恺对老师也是忠心耿耿，他后来编选了《中文名歌五十曲》收录了李叔同的曲目。他创绘《护生画集》，请为弘一大师的李叔同先撰写说明文字，他继而绘制图画。

李叔同出家期间，丰子恺也不遗余力地护持着老师的修行。师徒之情，一生之缘，令后人感动！

除此之外，李叔同对刘质平更是爱才如命。刘质平在向李叔同请教的过程中展现出了非凡的艺术才华，这让李叔同非常欣慰并极为重视他。这一段师生缘分一直延续了下来，从而成为师生关系的楷模。由于刘质平家境贫困，李叔同经常将自己的薪水留出一部分用来资助他，后来助其前往日本留学，深造音乐。初去日本的时候，各方面的不适应让刘质平感到苦闷孤独，这时李叔同写信鼓励、安慰他，并嘱咐一些注意事项：

（一）宜重卫生，避免中途辍学（习音乐者，非身体健壮之人，不易进步。专运动五指及脑，他处不运动，则易致疾。故每日宜为适当之休息及应有之娱乐、适度之运动。又宜早眠早起，食后宜休息一小时，不可即弹琴）。

（二）宜慎出场演奏，免受人忌妒（能不演奏最妥，抱璞而藏，君子之行也）。

（三）宜慎交游，免生无谓之是非（留学界品类尤杂，最宜谨慎）。

（四）勿躐等急进（吾人求学，须从常规，循序渐进，欲速则不达矣）。

（五）勿心浮气躁（学稍有得，即深自矜夸；或学而不进——此种境界他日有之——即生厌烦心，或抱悲观，皆不可。必须心气平定，不急进，不间断。日久自有适当之成绩）。

（六）宜信仰宗教，求精神上之安乐（据余一人之所见，确系如此，未知君以为如何）。

可见，李叔同对刘质平的帮助不仅是物质上的，更是精神上的。作为一位热爱音乐但物质匮乏的年轻人，长者的支持和鼓励是非常重要的，李叔同对于刘质平而言已经超越了一位老师的角色，更像是一位家人、一位朋友。全方位、多角度地关心他,爱护他,提携他。刘质平后来因为练琴不顺,害怕落榜而产生了退缩之意,各种复杂情绪也接踵而来。这时,李叔同又写信鼓励他,以一位志同道合的过来人之身份进行劝导:"愈学愈难,是君之进步,何反以是为忧?!B氏曲君习之,似躐等,中止甚是。试验时宜应试,取与不取,听之可也。不佞与君交谊至厚,何至因此区区云对不起?但如君现在忧虑过度,自寻苦恼,或因是致疾,中途辍学,是真对不起鄙人矣。从前鄙人与君函内解劝君之言语,万万不可忘记,宜时时取出阅看。能时时阅看,依此实行,必可免除一切烦恼。从前牛山充入学试验,落第四次,中山晋平落第二次,彼何尝因是灰心?总之,君志气太高,好名太甚,'务实循序'四字,可为君之药石也。"刘质平因为受着李叔同的资助,内心压力极大,生怕考不上东京音乐学校而对不起老师,李叔同在此信中帮助刘质平化解心结,让刘知道只要自己尽力了,即使第一次没考上也没有关系,更没有对不起自己,如果刘质平自己先行放弃,那才是真正的对不起老师。李叔同能够深入刘质平的内心世界,发现他产生所有烦恼的根源就是"好名太甚""志气太高",可谓是刘质平一生难得的知己。于此,我们可以知晓,李叔同与刘质平的师生关系可以作为我们当今师生关系的参照与榜样。在当前社会中,师生关系已经偏离了传统社会那种一日为师终身为父的亲密关系轨道,而是往往处于疏离、淡漠与冲突的状态之中,一旦离开了相处多时的校园环境,师生也许最终成了两条平行线而从此无交集。李叔同与刘质平的关系应当对我们的教育工作者有所启发,即如何以父母之心来对待学生;对学生而言,也应当像刘质平那样知恩图报,感念师恩,而非对立冲突。

不仅仅是丰子恺、刘质平,感念李叔同的学生数不胜数,他们不仅被老师的艺术才华和认真做事的风格所感染,更是被其人格魅力所感召,因而他们也想努力做一个像老师那样的人。此正如夏丏尊所言:"李先生教图画、音乐,学生对图画、音乐看得比国文、数学等

刘质平像

更重。这是有人格作背景的缘故。因为他教图画、音乐，而他所懂得的不仅是图画、音乐；他的诗文比国文先生的更好，他的书法比习字先生的更好……这好比一尊佛像，有后光，故能令人敬仰。"的确如此，在浙一师，李叔同圆满完成了他作为一名教师的光荣使命。

五、出家因缘

李叔同被后人广为熟知和敬仰，除了因为他早年作为翩翩才子所展示出的惊人才华以外，更因为他能在世俗生活的制高点抛弃所有，为了一个更为高远的目标而付出了他的后半生，并取得了相当高的成就，从而为佛教律宗的兴盛贡献了极大的力量。

从一九一五年开始，李叔同即有了皈佛的迹象。除了上课之外，他组织了"宁社"，主要是将擅长书画金石的同道聚集在一起，并经常展览他们的作品，但展览的地点经常被李叔同安置在佛寺中。不仅如此，在聚餐之时，李叔同已经不沾荤腥。

人虽然还在浙江第一师范学院，但心早有所属，生性敏感的他似乎已经无法从以往的艺术创作中得到满足和宣泄，更高的精神追求在召唤着他。从宿命论的角度来说，这一切似乎是冥冥之中早有安排。夏丏尊此时恰巧给李叔同推荐了一篇关于断食的文章，文中大讲断食的好处及方法。最吸引李叔同的是断食可以治疗各种疾病，可以产生强大的精神力量，这个正是他要寻找的东西。断食不仅可以消除他身体上的病痛，还可以解除他精神上的困惑。因此，李叔同在经过一段时间的思考之后，决定断食。只是，断食有季节的需求，亦有环境的需求，机缘还不够成熟。于是，他只好等到一九一六年旧历十一月间，下定决心，实施断食计划。季节的需求已经达到，可是究竟去哪里才清静适合断食呢？于是，李叔同找到昔日西泠印社的社友叶品三询问，叶品三告诉他："西湖附近，有所虎跑寺。那里游客很少，十分清静,可以作为你断食的地点。"同时告诉他,"我有位朋友叫丁辅之,正好是虎跑寺的大护法。他也是我们西泠印社的创始人之一,不知道你是否认识他?"李叔同表示对此人不相识,叶品三答应写封信帮助他打通关系。

虎跑寺是著名的古刹,坐落于杭州西湖,创建于唐朝。相传唐代高僧性空曾住在此地,后来因为水源缺失正准备搬走,有一天晚上他做梦梦到神人指示:"南岳有童子泉,当遣二虎移来。"第二天,他果然看到两只老虎跑来翠岩作穴,泉水缓缓涌出,由此而得名。李叔同选择在这里断食,一来是社友的推荐,二来是这里的清静气氛确实深得他心。既然已经决定断食,那么他就只身前往,并未告知任何朋友亲人。寒假结束后,夏丏尊没有见到李叔同回学校上班,又听人说李叔同在虎跑寺断食。于是,等他在一周之后见到李叔同时,掩饰不住不满与好奇,一方面他嫌李叔同断食的事情没有告诉他,另一方面他也很想知道断食的过程究竟是什么样的体验。李叔同告诉他:"这次实行断食,前后三个星期。第一个星期,逐渐减食至完全不食;第二个星期,除饮水外,全不进食;第三个星期,一反第一个星期的顺序而行之,由粥汤开始,逐渐增加食量,恢复到常量为止。""开始全断食的一两天,有时想吃些东西,后来也就不想了。最难受的,是需要饮大量的泉水。全断食那几天,心地非常清凉,感觉特别轻快灵敏,能听到人平常不能听到的,悟人所不能悟到的。真有点飘飘然的感觉呢!我平日是每天早晨写字的,这次断食期间,仍以写字为常课,有魏碑,有篆文,有隶书,笔力比平日并不减弱。"经过这次断食,李叔同有种脱胎换骨的感觉。夏丏尊回忆说:"他断食以后,食量大增,且能吃整块的肉(平日虽不茹素,不多食肥腻肉类)。自己觉得脱胎换骨过了,用老子'能婴儿乎'之意,改名李婴。"不仅如此,李叔同感觉到有必要将自己的断食经过和神奇

李叔同像

体验都记录下来，整理出来，以分享给更多的人。于是他将原稿保存，后又发表于杂志上，使得社会上更多的人了解了李叔同此次不同寻常的生命之旅。此次断食结束之后，李叔同又回到了浙江第一师范学院教书，生活如同寻常一般，但其内心已经不同以往，发生了质的改变。从饮食上来看，他已不沾一丝荤腥，吃全素；从兴趣志向来看，他喜欢读佛书，还把在虎跑寺的断食生活制成名片，送给朋友，署名为"欣欣道人"。"鄙人拟于数年之内，入山为佛弟子。现在已陆续结束一切。"这是李叔同于一九一七年一月十八日写给远在日本留学的得意门生刘质平的信。可见，李叔同崇信佛教的意愿越来越强，出家亦是指日可待了。

一日，李叔同携丰子恺拜访德高望重的马一浮。对于此次拜访，丰子恺曾在《陋巷》一文记载："我跟着 L 先生走进这陋巷中的一间老屋，就看见一位身材矮胖而满面须髯的中年男子从里面走出来迎接我们。我被介绍，向这位先生一鞠躬，就坐在一把椅子上听他们谈话。我其实全然听不懂他们的话，只是片断地听到什么'楞严''圆觉'等名词，又有一个英语'philosophy'（哲学）出现在他们的谈话中。这英语是我当时新近记诵的，听到时怪有兴味。可是话的全体的意义我都不解。"丰子恺文中提到的马一浮（1883—1967），幼名福田，浙江会稽（现绍兴）人，中国现代思想家，与梁漱溟、熊十力被后人合称为"现代三圣"。他是现代新儒家的早期代表人物之一，曾任浙江大学教授。此人精通文史哲，对佛教造诣尤为精深，其书法亦被丰子恺推崇为"中国书法界之泰斗"。丰子恺的这段文字极具画面感，让我们有一种身临其境的感受。更为重要的是，使我们了解到除了断食之外，李叔同能够出家为僧确实与马一浮有着直接的关系。通过马一浮佛教知识的传授，李叔同对于佛教有了更为深刻的理解，也更加坚定了他出家的念头。一九一八年一月八日，马一浮写信给李叔同言："昨复过地藏庵，与楚禅师语甚久。其人深于天台教义，绰有玄风，不易得也。幻和尚因众启请,将以佛成道日往主海潮寺,遂于今夕解七。明日之约,盖可罢矣。海潮梵宇宏广,幻和尚主之,可因以建立道场,亦其本愿之力,故感得是缘。月法师闻于今日荼毗,惜未偕仁者往观耳。"同年二月九日,马一浮再次致信李叔同:"昨游殊有胜缘。今晨入大慈山,入晚始归,获餐所馈上馔,微妙香洁,不啻净土之供也。长水大师《起信论笔削记》,善申贤首之义,谨以奉览。故人彭君逊之,耽玩义易有年,今初发心修习禅观。已为请于法轮长老,蒙假闲寮,将以明日移入。他日得与仁者并成法侣,亦一段因缘尔。"可见,通过书信往来,更坚定了李叔同对于佛法的崇信。马一浮借给李叔同许多佛学书籍,如《普贤行愿品》《楞严经》《大乘起信论》等。不仅如此,此次会面之后,李叔同开始有了自己的佛堂,开始供奉地藏王菩萨和观世音菩萨。甚至过年的时候,李叔同都没有回上海陪伴娇妻,而是去了虎跑寺,他在寺里为母诵《地藏经》祈福回向,以度亡母。在此期间,李叔同与马一浮之友彭逊之相遇,经过交谈,李叔同得知彭逊之也是准备在虎跑寺静修,马一浮则陪同之。李叔同的同乡旧知王守恂此时与他们一同进入寺中交谈。对于这次会晤,王守恂记载在了《惜才》一文中,通过此文,我们可以还原当时同道中人畅谈佛法的场景:"余友李叔同,习静定慧寺,约往谈赴之。座上客四人,皆倜傥不羁,相与谈论,皆聪明俊伟士也。率通内典,并于儒书国故,娓娓然有卓识焉。一为彭君,在十日内即剃度;一为陈君,为月霞僧弟子;一为刘君,曾受菩萨戒;一为马君,矢为佛弟子,断绝肉食。是四君子者,志相同,道相合。"这里的马君就是马一浮;彭君就是彭逊之。彭逊之亦为风华才子,精通中医、小说、翻译等。但彭君并未执着留恋于世间自己所拥有的才华和地位,而是在此次聚谈的十天后出家。彭君的出家对李叔同的触动极大,他也迫不及待地于一九一八年二月二十五日皈依了了悟法师,自此以后,他拥有了被后世广为传颂的法号:弘一。

虽已皈依佛门，成为悟法师的俗家弟子，但李叔同似乎并不满足于此，他还是心念出家一事。一九一八年三月，李叔同又写信给自己的弟子刘质平："不佞自知世寿不永，又从无始以来，罪业至深，故不得不赶紧发心修行。自去腊受马一浮大士之熏陶，渐有所悟。世味日淡，职务多荒。近来请假，逾课时之半，就令勉强再延时日，必外贻旷职之讥，内受疚心之苦。""不佞即拟宣布辞职，暑假后不再任事矣。所藏音乐书，拟以赠君，望君早返国收领（能在五月内最妙），并可为最后之畅聚。不佞所藏之书物，近日皆分赠各处，五月以前必可清楚。秋初即入山习静，不再轻易晤人。剃度之期，或在明年。"李叔同在此信中，向刘质平透露了几个方面的信息，即：一、他对早年时期迷沦幻海的忏悔，经过断食的神奇体验、对佛法的熏修，听闻马一浮的教导启示等因缘和合，使他对自己往昔的所作所为深感恐惧，因为那些在佛教看来会有不好的果报，唯有求佛念佛努力修行才可弥补罪业。二、因修习佛法而荒芜了俗世的事业，深觉外人对自己的行为有所诟病，内心无比愧疚。三、向刘质平表明决心，他要从浙一师辞职，将自己珍藏的音乐书送刘质平，处理好俗物之后，决定择日出家。刘质平是李叔同最为贴心的学生之一，在此信中吐露心机，表现出二人的知己关系已超越师生。刘质平亦不忘师恩，学成归国后事业有成。李叔同虽在信中如此说，但他还是继续上课。虽然依旧遵从着以往的生活轨迹，但同学们、关系密切的同事们都感受到了他身上气场的变化。他们隐约地感到俗世间似乎已然留不住李叔同先生了，但先生之所以还在世间做事可能在等待时机。他们的感受是正确的，如前文提到过，刘质平在日本的学费是李叔同从工资中留出一部分

李叔同像

寄往日本资助其完成学业的，现在刘质平还没有毕业，李叔同觉得自己不可以中断资助，他想等刘质平学成归国。正是基于这个原因，在刘质平回国前的三四个月时李叔同加快了出家的步伐。暑假之前，李叔同将自己的美术作品赠送给了北京国立美术专门学校，将刻章送给西泠印社，将碑帖送给了周承德。他又将工资分作三份，一份与自己剪下的胡须一同用纸包好，请老友杨白民转交给日本夫人；一份与呈文一起，交给了浙江省政府转北京内务部；一份留给自己作虎跑寺的斋资。在离开学校前的晚上，李叔同将丰子恺和其他两位学生请到住所告诉他们："我明天入山，相聚今夕，实在难得。希望你们今后各自珍惜。""房间里剩下的这些音乐、美术书等什物，全由你们三位和吴梦非、刘质平、李鸿梁等同学处理，可按各自所学专业挑选。"李叔同将他前半生视为生命的艺术作品分别送人，又将珍藏的书籍送给学生，可见他与俗事俗物告别的决心。前半生的翩翩公子李叔同即将谢幕，后半生德高望重的弘一大师序幕即将开启。

最后，李叔同只留下了几件衣服和日常用品。学生们看到这阵势，非常难过。其中一位学生问："老师何所为而出家乎？"李叔同回答："无所为。"学生问："忍抛骨肉乎？"李叔同答："人事无常，如暴病而死，欲不抛又安可得？"这段著名的对话至今感动着世人。世间无常的道理被李叔同三言两语地揭示出来，震撼之余又深感悲壮。这天晚上，李叔同为姜丹书先母写了篇墓志，落款是"大慈演音"，写毕，他将笔折断，使这篇墓志成为李叔同在俗世的绝笔，也预示着他出家生活的开启。

第二天，李叔同即将启程，离开浙江第一师范学院，告别他人生中多姿多彩的教师生涯，去奔赴另一个灵魂家园，完成另一个理想。他离开之时，学校的学生已经传开，他们互相传递着一个消息："李叔同先生要出家当和尚了！"可见，这一事件对于在校学生的价值观造成了极大地冲击。

显而易见，李叔同的出家为他们开启了人生的另一种可能性，对他们造成了不小的影响。听闻消息的学生们自发在校门口集合，目送李叔同先生离开。李叔同出校门的时候还有校工闻玉，学生丰子恺、叶天底、李增庸的陪伴，但走到离虎跑寺还有半里路的时候，李叔同换上了袈裟，将他人置于原地，自己则飞快地跑向虎跑寺。任凭丰子恺等人在身后哭喊"李先生"，他都没有回头，就这样一直在他们的视线中消失，正式成为一代高僧大德弘一法师。这一事件之后，学校的学生深受影响，他们原有的那些价值观开始动摇，被学生爱戴的李叔同老师做出这样的选择，对学生的打击是极大的。他们思想开始涣散、迷茫，这一切令校长经亨颐极为着急，他在七月十日的日记中写道："晴。九时赴校行终业式。反省此一年间，校务无所起色。细察学生心理，尚无自律精神，宜稍加干涉。示训谕之功，固不易见，以空洞人格之尊，转为躐等放任之弊。漫倡佛说，流毒亦非无因。故特于训辞表出李叔同入山之事，可敬而不可学，嗣后宜禁绝此风，以图积极整顿……"可见，经亨颐对李叔同出家之事从情感上来说是非常敬重的，对其能够放下万缘而寻求最根本的真理而敬佩，但作为一名校长，一位学生的思想、文化的导师，如果他不树立一个主流的价值观，那么学生思想会更为混乱。毕竟，出家在当时社会的有识之士看来并非是一件积极之事，对于挽救民族于疾苦、强大祖国都起不了解决燃眉之急的作用。因此，经亨颐从理智上来说，是要坚决制止这种风气的。

李叔同原本是想做一年的居士然后再出家的，但对李叔同舍弃俗世皈依佛门的做法有所不满的挚友夏丏尊说："这样做居士，究竟不彻底，索性做了和尚，倒爽快！"夏丏尊本来是气话，没想到却被李叔同记到了心里。八月十九日上午，在庄严的虎跑寺内正在举行着一场剃度仪式。香火缭绕，僧人庄

李叔同画像

夏丏尊像

重。了悟法师为李叔同剃去头发,李叔同正式成为弘一法师,前尘的影像离他越来越远。夏丏尊再次来看李叔同时,只见眼前之人身着海青,没有了头发,他无比惊愕和不解,便问李叔同:"叔同,何时受的剃度?"李叔同说:"我已不叫李叔同了,以后该称我弘一法师或弘一大师。昨天受剃度的,日子很好,恰巧是大势至菩萨生日。"夏丏尊无奈地说:"你不是说暂时做居士,在这里住住修行,不出家的吗?"李叔同说:"这也是你的意思啊!你不是对我说,与其不僧不俗地待在这里,还不如索性做了和尚吗?我想想你说得也对,便这般实行了。"对此,夏丏尊深感无奈和后悔。他在《弘一大师之出家》一文中写道:"自从他出家以后,我已不敢再毁谤佛法,可是对于佛法见闻不多,对于他的出家,最初总由俗人的见地,感到一种责任。以为如果我不苦留他在杭州,如果不提出断食的话头,也许不会有虎跑寺马先生、彭先生等因缘,他不会出家。如果最后我不因惜别而发狂言,他即使要出家,也许不会那么快速。我一向为这责任之感所苦,尤其在见到他作苦修行或听到他有疾病的时候。"夏丏尊将李叔同出家的原因都归结在了自己的身上,并深感自责。其实跳出当时的情景,我们客观地看待李叔同出家的原因,这更多的是李叔同自身的精神气质和各种因缘聚合的产物,而夏丏尊也许只是其中的一个推动因素。因此,夏丏尊其实完全没有必要自责。此后,由于受到李叔同的影响,夏丏尊后来也开始学佛,在了知佛学的精髓之后,他对李叔同出家一事慢慢地释然了:"亲近佛典,略识因缘之不可思议,知道像他那样的人,是于过去无量数劫种了善根的。他的出家,他的弘法度生,都是夙愿使然,而且都是稀有的福德,正应代他欢喜,代众生欢喜,觉得以前对他的不安,对他负责任,不但是自寻烦恼,而且是一种僭妄了。"夏丏尊对于出家态度的转变,在于他研究佛典后发现佛教是非常正面正向的价值观,出家亦是,并非像他之前所认为的那样,出家似乎是一件极为不好的事情,还为之难过。

除了挚友夏丏尊以外,李叔同出家在社会上也同样引起了争议。比如吴稚晖说他:"李叔同可以做个艺术家而不做,偏去当和尚。"曾经同为南社的柳亚子对李叔同的出家亦无法理解。一九四一年之时,弘一弟子向社会各界征集诗词,要为弘一法师祝寿。此时,柳亚子便寄上二首五绝及序:

弘一大师俗名李息霜,与苏曼殊称为南社两畸人。自披剃大慈山以来,阔别二十余年矣。顷闭关闽海,其弟子李芳远来书,以俗寿周甲纪念索诗,为赋二阕——

君礼释迦佛,我拜马克思。

大雄大无畏,救世心无歧。

闲关谢尘网,我意嫌消极。

愿提铁禅杖,打杀卖国贼!

不仅如此,李叔同还收到了一位来自北京好友写的信,信中说:"听说你不要做人,要做僧去?"李叔同的故友陈宝泉说:"李叔同君,筱楼先生之季子,与予为世交。少年倜傥,精文翰,擅书法,所谓翩翩浊世佳公子也。及冠游学日本,习美术、书画、音乐,并臻绝诣。民国四年,予与遇于湖上之烟霞洞,及一变昔日矜持之态,谦恭而和易。予力约其北来任高等师范教授,但笑应之。及予北归,旋得复书谢绝。未几,闻已入空门矣。盖愤世至极不得已,但了自性,其遇亦可悲矣。"挚友王守恂在《虎跑寺赴李叔同约往返得诗二首》中写道:

步步弯环步步奇,

常愁路有不通时。

却怜叠嶂层峦处,

一曲羊肠到始知!

兴来寻友坐深山,

竹院逢僧半日闲。

归到清波门外路,

又将尘梦落人间。

可见，曾为风华才子的李叔同在世间拥有极高的声誉和地位，他的各项艺术才能几乎都达到了登峰造极的地步，令同行非常敬佩。因此，这样一位优秀的人物出家，难免会引来轰动和不解。但是，无论如何，弘一法师决心已定，他发誓要为国为教殉其后半生。

既已出家，李叔同还有一项任务未完成，那就是受戒。南洋公学有李叔同的一位同窗叫林同庄，他热心帮助李叔同引荐，使其准备在灵隐寺受戒。灵隐寺是一座著名的古刹，又名云林寺，位于浙江省杭州市，始建于东晋咸和元年(326)。其开山祖师为西印度僧人慧理和尚。唐朝"会昌法难"时遭到毁寺，五代时期吴越王命永明延寿大师进行重建。在这个时候，要为李叔同授戒的是当时的住持慧明法师。慧明法师极其慈悲，亦无分别之心，不管身处什么样的地位，品质恶劣到什么程度的人，他都等同视之。对于地位卑微、温饱问题都难以解决之人，慧明法师就布施饮食衣物给他们；对于品质顽劣之人，他不仅慈悲喜舍，并且努力教化之。因此，他深受僧俗的爱戴。李叔同出身名门，自幼锦衣玉食，自身又才华横溢，在文艺界极负盛名，但是这一切在慧明法师这里并无不同。因而，慧明法师见李叔同说："既是来受戒的，为什么不进戒堂呢？虽然你在家的时候是个读书人，但是读书人就能这样随便吗？就是在家时是个皇帝，我也是一样看待他的。"李叔同听后极为惭愧，并对这位大师更加敬佩了。李叔同在灵隐寺住了两个月以后，慧明法师终于开堂授其"具足戒"。具足戒是比丘、比丘尼受持的戒律，因为相比于十戒来说戒品具足，对出家众的一言一行一举一动都做了详细而严格的规定，出家众只有严格持具足戒，才可获得僧人的资格。马一浮得知李叔同要受戒，便于受戒前赶来，除了参加授戒仪式之外，还送他明代藕益大师的《灵峰毗尼事义要集》、清初见月律师的《宝华传戒正范》。自此以后，李叔同便成为名副其实的僧人，具足戒正满足了他要对前尘往事忏悔的急切之心。通过阅读马一浮送来的书籍,李叔同在内心进行了反思:"律学到今天一千年来,由于枯寂艰硬,而成为绝学,天人深究力行,于是佛门德行败坏,戒律成为一张白纸,令人悲叹! 如我不能誓愿深研律学,还待谁呢? 佛菩萨呀,请加被我! 我如破坏僧行,愿堕阿鼻地狱! ……"从此以后,他决定修习律宗,以严守律宗和弘扬律宗为使命,不当住持,不为他人剃度,不做依止师,不收入室弟子。

如同前文所讲,李叔同出家前后对于浙江第一师范的学生产生了极大的冲击,也引起了社会各界的争议。那么他的两位妻子和两个孩子面对这件事情,如何可以接受这样的现实?

不言而喻,李叔同的出家,对于两位妻子的打击是巨大的。在中国传统社会,丈夫就是妻子的天,没有了丈夫,妻子的天也就塌了。我们先不说由母亲为他娶的那位妻子,就说漂洋过海,只身陪伴李叔同回国的雪子,听闻这一消息内心是天崩地裂的。李叔同出家前曾写信给她:

诚子:

关于我决定出家之事,在身边一切事务上我已向相关之人交代清楚。上回与你谈过,想必你已了解我出家一事,是早晚的问题罢了。经过了一段时间的思索,你是否能理解我的决定了呢? 若你已同意我这么做,请来信告诉我,你的决定于我十分重要。

对你来讲硬是要接受失去一个与你关系至深之人的痛苦与绝望,这样的心情我了解。但你是不平凡的,请吞下这苦酒,然后撑着去过日子吧,我想你的体内住着的不是一个庸俗、怯懦的灵魂。愿佛力加被,能助你度过这段难挨的日子。

做这样的决定,非我寡情薄义,为了那更永远、更艰难的佛道历程,我必须放下一切。我放下了你,也放下了在世间累积的声名与财富。这些都是过眼云烟，不值得留恋的。

我们要建立的是未来光华的佛国，在西天无极乐土，我们再相逢吧。

为了不增加你的痛苦，我将不再回上海去了。我们那个家里的一切，全数由你支配，并作为纪念。人生短暂数十载，大限总是要来，如今不过是将它提前罢了。我们是早晚要分别的，愿你能看破。

在佛前，我祈祷佛光加持你。望你珍重，念佛的洪名。

叔同

戊午七月一日

看到信之后，诚子无法理解曾经那么相爱的两个人，为什么不能将爱情继续下去。因此，她对前来转告她的杨白民说："看来李先生出家已成事实，无可挽回了。但日本和尚是允许有妻室的，为什么李先生要把我遣送回国呢？"她央求杨白民陪她见一次李叔同，她要当面问问这位李叔同先生，为何在海誓山盟之后，在将她带到中国之后，却又这样无情地抛弃了她？她想弄个明白。杨白民此刻非常同情雪子的处境，只好答应了她。他带雪子来到了杭州，杨白民将雪子的事情告诉了李叔同，李叔同同意见她一面，以便做个了断。据黄炎培先生回忆当时的场景："几个人一同在岳庙前临湖素食店，吃了一顿相对无言的素饭。丈夫把手表交给妻子作为离别纪念，安慰她说：'你有技术，回日本去不会失业。'岸边的人望着渐渐远去的小船失声痛哭，船上的人连头也没有再回过一次。"俗世间同床共枕的两个人，此时已成为一僧一俗两条船上的人，向着不同的方向驶去，此后永远不会再有交集。这次决断对于雪子来说是痛彻心扉的，她以后的人生轨迹是怎样的，至今无人知晓，只知道她曾经作为李叔同的妻子而成就了这一段无比凄美动人的爱情悲剧。

我们知道，李叔同对于家乡的发妻并无多少感情，那是母亲定下的亲事。所以，关于自己的出家之事，李叔同一直都没有告诉过她。俞氏是中国传统女性的代表，她温良贤淑，相夫教子，从不过多干涉丈夫的事情，她能做的就是把建立的这个家庭打理好，照顾好两个孩子，虽然她心里很清楚李叔同心里并没有她。后来，李叔同的家人得知他出家的消息，二哥桐冈希望俞氏劝李叔同回来。俞氏怎能不了解自己的丈夫呢？那个才华横溢又极有主见的人，一旦他定下了什么事，断然是不可能更改回头了。尽管俞氏的内心是崩塌的，但她一时并没有采取任何行动。过了三年，俞氏来到上海，她邀请了杨白民的夫人、黄炎培的夫人，三人一起去杭州寻找李叔同。她们费尽周折，终于在玉泉寺找到了他。李叔同随她们来到一家素食店吃饭，其间少有言语，从未主动说过一句话。吃过饭后，李叔同告辞，他一人上船，划向了湖心。就这样，他再一次头也不回地离去，留在身后的是同样悲痛的妻子俞氏。

如果反思李叔同出家的原因，那么丰子恺曾有过非常精到的分析：

他（李叔同）怎么由艺术升华到宗教呢？当时人都诧异，以为李先生受了什么刺激，忽然遁入空门了。我却能理解他的心，我认为他的出家是当然的。我以为人的生活，可以分作三层：一是物质生活，二是精神生活，三是灵魂生活。物质生活就是衣食，精神生活就是学术文艺，灵魂生活就是宗教。人生就是这样的一栋三层楼。懒得（或无力）走楼梯的，就住在第一层，即把物质生活弄得很好，锦衣玉食，尊荣富贵，孝子慈孙，这样就满足了。这也是一种人生观。抱这样人生观的人，在世间占大多数。其次，高兴（或有力）走楼梯的，就爬上二层楼去玩玩，或者久居在里头。这就是专心学术文艺的人。他们把全力贡献于学问的研究，把全心寄托于文艺的创作和欣赏。这样的人，在世间也很多，即所谓"知识分子""学者""艺术家"。还有一种人，"人生欲"很强,脚力很大,对二层楼还不满足,就再走楼梯,爬上三层楼去。这就是宗教徒了。他们做人很认真,满足了"物质欲"还不够,满足了"精神欲"还不够,必须探求人生的究竟。他们以为财产子孙都是身外之物,学术文艺都是暂时的美景,连自己的身体都是虚幻的存在。他们不肯做本能的奴隶,必须追究灵魂的来源、宇宙的根本,这才能满足他们的"人生欲"。这就是宗教徒。世间就不过这三种人。

丰子恺作为李叔同最为得意的学生之一,他追随老师多年,对老师的了解胜过一般人。在他看来,李叔同的出家是因为他在艺术成就的最高点时依然没有满足自己精神的需要,他需要对人生、对世间万象、对人的灵魂的真相进行更为究竟的回答,佛教恰能满足他的内心需求。因此,他的出家是必然的。在我们看来,李叔同本为艺术家,他拥有非常敏感的内心,他又有着对宇宙人生强烈的追问,因为艺术即使达到顶峰,其在美感中的超脱也只是暂时的,他需要永恒的超脱。对于这一点,著名作家金梅先生在《月印千江——弘一法师李叔同大传》中如是说:"他是个在幻想中追求精神生活的人。诗词骚赋,金石书艺,音乐美术,是其所学与钟情之所在。这些门类的文学艺术,往往空灵虚幻,无可把捉。李长年浸淫其中,主要又是为了满足其精神生活的需要。将这种爱好与需要推向极端,是很容易与佛法接轨的。"可见,李叔同早年作为艺术家的精神气质使其容易走向宗教的解脱途径。

李叔同出家后也在一些文章中谈到了自己出家的原因。他认为,原因之一即是他很小的时候就有机会接触到佛教经典,受到佛法的熏陶。他说:"我小时候刚开始识字,就跟着我的大娘,也就是我父亲的妻子,学习念诵《大悲咒》和《往生咒》。而我的嫂子也经常教我背诵《心经》和《金刚经》等。虽然那时我根本就不明白这些佛经的含义,也无从知晓它们的教理,但是我很喜欢念经时那种空灵的感受。也只有在这时我能感受到平等和安详!而我想,这也许成为我今后出家的引路标。"不仅如此,他五岁的时候就经常见到出家人,还观看过出家人在他家里做法事。十二三岁的时候,他还学过"放焰口"。可见,李叔同认为自己在很小的时候就种下了佛教的种子,成年之后,在一定的机缘下,这颗种子开始萌发并成长,这是他出家的一个原因。原因之二是,随着年龄的增长,他的精神逐渐转向内在,不再喜欢那种声色犬马的生活。正如他自己所说的:"我那时已人到中年,而且渐渐厌倦了浮华声色,内心渴望一份安宁和平静,生活方式也渐渐变得内敛起来。"这是他在经历过前半生五光十色的生活之后,在艺术事业达到顶峰的过程中,精神上亦得到了成长,已不满足过往昔那种财色名食、才华满溢的生活,想要换一种活法来完成下半生。可以说,前面这

李叔同的济世情怀

两个原因是李叔同出家的内在原因。那么还有一些外在的刺激催促了他出家的步伐。比如说,李叔同在虎跑寺断食,通过断食后,他感受到了前所未有的清净和满足,那种神奇的体验让他欲罢不能。不仅如此,在断食期间,他对寺院生活耳濡目染,不仅习惯了寺院,甚至羡慕起寺院的生活来。对此,他说:"这回到虎跑寺去住,看到他们那种生活,却很喜欢而羡慕起来了。我虽然在那边只住了半个月,但心里头却十分愉快,而且对于他们所吃的菜蔬,更是欢喜吃。及至回到了学校以后,我就请佣人依照他们那样煮菜来吃。这一次我之到虎跑寺去断食,可以说是我出家的近因了。"可见,断食直接刺激了李叔同出家的进度。除了断食之外,马一浮的影响也是巨大的。如前文所言,断食后李叔同曾拜访过马一浮,共同探讨佛教义理。马一浮的佛教造诣深受李叔同敬佩,李叔同曾对丰子恺说:"我的学佛是受马一浮先生指示的。"因此,不得不说,马一浮是李叔同出家的重

要推动者。

当然,要考察一个人思想的转变,不仅要联系到此人人生际遇的变化和学养的变迁,更要联系到他所处的时代大背景之下来看。近代中国危机四伏、内忧外患、动荡不安,这不仅是来自西方的坚船利炮打开国门进行侵略造成的,也是作为中国人几千年来的精神支柱、核心价值——儒家文化与制度的解体,造成了中国人,尤其是中国的知识分子在危机面前没有了主心骨。儒家文化曾经是中国人的价值、民族认同的载体,可是面对西方国家的侵略,面对中华民族的日益沉沦却束手无策,无能为力。一部分知识分子无奈之下投身于考据训诂当中去;另一部分知识分子则因强烈的使命感而积极寻找救国救民的途径,试图重新找到中国人的价值载体,以有效对抗外来侵略,凝聚民族力量。既然如此,佛教作为中华民族文化的重要构成部分,自然首先被他们所关注,所运用。康有为以大乘菩萨行愿为己任,从而"不居天堂而故入地狱,不投净土而故来浊世,不为帝王而故为士人;不肯自洁,不肯独乐,不愿自尊,而以与众生亲,为易于援救。故日日以救世为心,刻刻以救世为事,舍身命而为之,以诸天不能尽也。无小无达,就其所生之地,所遇之人,所亲之众,而悲哀振救之……"谭嗣同则在佛教"无我"精神的影响之下,认为:"学者得当知身为不死之物,然后好生恶死之惑可祛也。"梁启超则将佛教精神应用于国民性之改造当中去,侧重于佛教对于人格心灵的拯救。章太炎则用佛教来建设革命道德,倡导一种舍生忘死的革命精神。与以上几位知识大家处于同一时代的李叔同,同样受到了这一大环境的影响,只不过,康、谭、梁、章等人通过对佛教的积极阐发来应用到革命宣传和社会改良当中去;李叔同则走进了佛门。作为一名高僧大德,他通过严格的修持来弘扬佛法,虽然路途不同,但不得不说,他们都有一种担当精神与历史使命感。

六、精进修行

在玉泉寺时，老友杨白民前来探望李叔同，这时李叔同恭写了一篇格言，与老友共勉："古人以除夕当死期；一岁末了，如一生的尽头。往昔，黄檗和尚说：'你事先如不准备一番，等腊月三十来到，凭你手忙脚乱也嫌晚了！'因此，一年开始，你便准备除夕的大事；初识人间悲欢，便准备生离死别的来临！人生是一场断梦，茬茬苒苒，悠悠忽忽，谁知道哪一天，死神来临！因此，生命无常，要时时警惕，自誓自要，不要把美好的岁月蹉跎！"在李叔同看来，出家乃大丈夫事，非王侯将相所能为。出家需要的是与世俗决断的勇气，甘于在青灯古佛旁精进修行，不再留恋世间的繁华与情缘，这对于常人来说是无法做到的。对于大多数人来说，年少时奋力学习，中年时可成家立业，晚年时可含饴弄孙，这是比较温馨快乐的人生场景。但是又有多少人能够明白这一切都是转瞬即逝，转眼成空的呢？一般人尚无法舍弃俗世生活，而对于曾经享尽荣华富贵，在社会上又极负盛名和地位的李叔同来说却就那么决绝地放下了。不得不说，李叔同是具有大根器之人，他曾经因世间的智慧和才华在艺术领域风光无限，而后又看破世间，明了世间的本质，转而追寻更高层次的了悟和解脱。

李叔同既然出家，以他的性格，是急于想好好修行，早日成就的，但第一要务是寻找一处适合修行之地。李叔同在俗世的朋友很多，有时会有很多干扰，因此他想寻找一处清静之地精进修行。一开始他在浙江本地寻找，受浙一师门生楼秋宾的邀请，他携弟子弘伞法师先去新登，欲在贝山建房终老，但因种种原因未能满愿。他只好在楼秋宾家里以及秋宾家附近的灵济寺住了两个多月，后又前往锡衢州莲花寺住下一直到第二年的正月又一次返回玉泉寺。这一来回让李叔同明白"杭州多故旧酬酢"，还是摆脱不了朋友之间太多的应酬、干扰，无法"息心办道"。因此，他继续寻找真正能够清静修行之地。在这个时候,曾与李叔同同窗于南洋公学的林大同来玉泉寺介绍说,永嘉的气候和自然环境都非常适合修行。那里不仅安静而且温暖,既可保障不受多人干扰,又对虚弱的身体有利。如此介绍让李叔同非常高兴,他请林大同引荐。不仅如此,得闻李叔同想去永嘉的事情,玉泉寺的常住吴建东也主动写信给他的知己,叮嘱他李叔同去了永嘉之后"凡所需求,无虑难继,有某在耳"。在这些朋友的帮助下,李叔同终于在不久之后接到了邀请,便欣然前往。

李叔同到达永嘉后,常住庆福寺。期间虽有云游,但终归还是会回到寺中。在这里,他免去了过多的俗务和干扰,能够静下心来集中精力研究律学,闭关后编制《四分律比丘戒相表记》。为此,他还专门自约三章:"余初始出家,未有所解,急宜息诸缘务,先办已躬下事。为约三章,敬告同人:一、凡有旧友新识来访者,暂缓接见。二、凡以写字作文等事相属者,暂缓动笔。三、凡以介绍请托及诸事相属者,暂缓承应。"一个月后,李叔同又将《掩关谢客简》分别寄给诸友人:"敬启者:不慧痛念生死事大,无常迅速。自今以后,掩关念佛,谢绝人事。谨致短简,以展诀别。他年道业有成,或可启关相见。凡我师友,希垂鉴焉!"由此可见,其学佛决心之坚定。他也确实这样实行了,在闭关期间,无论是何方人士,李叔同都谢绝接待,包括温州专员林鹍翔及后任的张宗祥。这二人因官位显赫,寺中的寂山长老怕得罪了他们,当林鹍翔来时,长老劝李叔同出来接见,未果。后来,当张宗祥来时,寂山长老心想,他可是李叔同的故交,怎么也得出来见个面叙叙旧吧。可是没想到,李叔同对此垂泪:"师父慈悲。弟子出家,非谋衣食,纯粹是为了生死大事,妻子亦均抛弃,况朋友乎?乞婉言告以抱病不见客可也。"最终还是没有接见。不仅如此,李叔同家里来的信他一律不拆,并托人在信封后面批注"该人业已往",然后退回。人们无法理解他的行为,李叔同解释道:"既经出家,便应作已死想;倘为拆阅,见家中有吉庆事,恐萌爱心;有不祥事,易引挂怀,不若退还为得也。"可见,李叔同对于世俗之事之名利已全部放下,他使用的是断离的方法,即与之隔绝,永不触碰,以此保持一种淡然平静的内心。李叔同的这些做法让寂山长老非常崇敬,想到他曾经的成就和现在的决绝是多么的难得,因此非常照顾他,不仅按照他的饮食习惯将吃饭时间提前,而且还多以面条奉之。

闭关期间,他除了为母亲书写过《赞地藏菩萨忏愿仪》一卷和《佛三身赞颂》三种,并将之回向。其余时间他都在披读《四分律》。三个月后,李叔同终于编写完成《四分律比丘戒相表记》的初稿。之后又写《佛说无常经》《佛说略教戒经》《阿含经》《杂阿含经》和《本事经》,辑录《根本说一切有部毗奈耶犯相摘记》等。

除了自己努力修持以外,李叔同还谨记修行人上求佛道下化众生之任,将度化众生亦放在极为重要的地位。他首先从自己的朋友度起,李叔同曾对天涯五友之一的袁希濂说:"你前生也是一个和尚,希望你能在朝夕之间,多念经读佛。"临别之时,还送他《安士全书》,这本被印光大师称为"善世第一奇书"之书,在佛教界被认为是准佛经。因为它的主要内容就是通过一个个的历史故事来劝人诸恶莫做、诸善奉行。虽然袁希濂当时对李叔同的做法和这本书并没有放在心上,但是多年过去,当再次看到《安士全书》并仔细阅读后,他被佛法深深地折服了,深感学佛之事不可再耽搁,因此开始设佛堂,念佛诵经,最终皈依印光法师。袁希濂入佛门,除了自己的慧根和宿世善因外,还与李叔同的度化有着密切的关系。

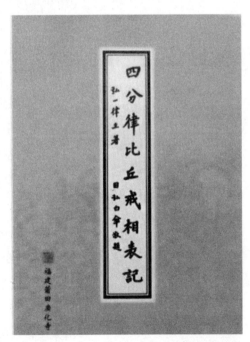

《四分律比丘戒相表记》

前文曾提到,夏丏尊一句话曾经直接刺激了李叔同由居士向出家人的转变。虽说当时是夏丏尊的赌气话，但对李叔同来说却是一种激励。李叔同出家后，夏丏尊虽一时难以接受，但从内心里却是敬仰他的。由此，在李叔同的影响之下，夏丏尊也接触了佛教。一九二一年，夏丏尊给李叔同写信说："我发心素食以来，在心理上，还只是觉得信佛只是信了一半，信得不够虔诚。每次看到你那种赤诚、牺牲的宗教家风，献身于佛道的不休息精神，再回想你往日在艺术上的成就，以及青年时代的生活，前后对照，如挥鞭断流，使人汗颜不已。因此，我现在开始实践佛家的修持生活，每天早晚持'阿弥陀佛'圣号，愿师在光中加被。我今天在佛道上刚刚起步哩。"从这封信我们看出，李叔同抛弃以往的荣华富贵和名利权情而皈依佛门，这一事情本身就是一种教化，不仅使夏丏尊因此而信佛，李叔同的学生丰子恺以及后世看过他传记的人，亦不乏因此而学佛修行甚至皈依佛门出家修行的。这样一种行为的震撼力和教化力胜过很多的言说劝导。李叔同看到信后为夏丏尊从排斥佛教到身体力行地实践感到非常欣慰。他为夏丏尊写下了高僧大德的法语，并在文末写道："丏尊居士发心念佛，为写先德法语以督励之。"借此来激励他。

杨白民亦是李叔同的知己，李叔同出家前后的许多事宜都交付他来处理，可见二人关系之深厚。李叔同的出家，对于杨白民的触动虽然也是极大的，但他依然在红尘中行走，并未有修持佛法解脱生死的意向。当然，李叔同还是希望杨白民能早日了知人生如梦幻泡影、三界如火宅的道理，从而早日修行，了脱生死。李叔同特意为杨白民写了一首由宋法常法师入寂前所作《渔父词》：

> 此事楞严尝露布，梅花雪月交光处，一笑寥寥空万古。风瓯语，迥然银汉横天宇。蝶梦南华方栩栩，斑斑谁跨丰干虎？而今忘却来时路，江山暮，天涯目送飞鸿去。

这首《渔家傲》意境高远，将人生的真相揭示得淋漓尽致。而今忘却来时路，使人在三界中沉沦，在六道中不断轮回。李叔同借此劝挚友杨白民能够早日学佛，早日摆脱轮回之苦。

寂山长老对自己在各方面的关照让李叔同非常感动，加上对律学的研究让他明白云游的出家人要想在一个寺院安定下来，就要拜寺里的住持为"依止阿阇梨"。这一切让李叔同暗下决心要拜寂山长老为师。于是，李叔同选择好日子，来到寂山长老的住处，从袖子里拿出一张红纸，奉给寂山长老，并叫了声"师父"。寂山长老听到后一惊，赶快说："弘师，你不能这样呀！这样会折罪我的！……"他看了一下李叔同奉给他的红纸，原来是李叔同拜寂山长老为师登报的启事。寂山长老看到后还是非常不安，他说："余德少薄，何敢为仁者师？"李叔同说："我以永嘉为第二故乡，庆福作第二常住，为了能使我安心办道，恳请师父收下弟子为幸。"寂山长老还是感到惭愧，还是在拒绝李叔同："那是无论如何不敢当的，请安心潜修佛道。只要庆福寺能做的事，都要为

李叔同像

仁者奉出一切，但，以老衲为师，则是万万不敢！"尽管如此，李叔同决心已下，而寂山长老觉得李叔同这样有大愿大德之人能拜自己为师，也是一种荣耀。自此以后，长老对李叔同更加敬佩了。李叔同回去后，写信给吴璧华、周孟由两位居士，请求这二位居士向寂山长老转达自己的诚意。至此，寂山长老才勉强同意。李叔同得知长老同意做自己的师父，第二天一大早便带上毡子、衣具，披上袈裟，前往方丈所在地，将毡子铺在座位上请长老就座。寂山长老不接受李叔同的礼拜，李叔同就向空座礼拜，从这一刻起，寂山长老正式成为李叔同的师父。几天后，李叔同不仅将自己拜师

之事刊登在报纸上,而且在任何时候任何场合都称寂山长老为师父。整整三年,寂山长老对自己师父的身份始终不安,终于,寂山长老写信给李叔同,请他以后不要以弟子自称。李叔同却回信说:

师父大人慈座:

顷奉法谕,敬悉一一。……弟子到此以来,承唯善师兄诸事照拂,慈悲摄护,感激无既。以后恩师与唯善师兄晤面时,乞常常随时为之谆托一切,至为深感。又弟子在家时,实是一个书呆子,未尝用意于世故人情。故一言一动与常人大异。此事亦恩师婉告唯善师兄,请其格外体谅而曲为之原宥也。弟子以师礼事慈座,已将三载,何可忽尔变易?伏乞慈悲摄受,允列门墙,至用感祷……

由此可见,李叔同对寂山长老的感念和认可。也许被李叔同的一腔赤诚所感动,自此以后,寂山长老也就默认了,李叔同亦能安定修行。在这期间,他经历了妻子俞氏的去世。壬戌年正月,李叔同收到了天津老家的来信。信中告诉他,他的结发妻子俞氏病故,望他返乡料理后事。对于俞氏,李叔同的内心是愧疚的,俞氏自从嫁到李家以来,就忍辱负重,甘愿为家庭牺牲一切。她没有得到过丈夫的爱情,甚至在看到李叔同日本妻子的油画时有所怀疑但也从未追问过什么。因为中国传统女性大都这样,既然嫁作人妇,各种义务辛劳都是理所当然的,丈夫纳妾亦在情理之中,丈夫就是她们人生的价值和意义。这样一位贤淑的妻子,给了李叔同极大的自由空间,帮助李叔同照顾了一辈子天津的大家庭,养育了两个孩子。如今往生他处,再无见面之日,李叔同对此内心是凄凉的。他觉得自己应该回乡为俞氏超度,可当时军阀混战,大环境不允许他这样做。他只好为俞氏设灵,不停地念往生咒和《地藏菩萨

李叔同书法作品

本愿经》为其超度。通过父亲、母亲和妻子的离去，使李叔同更加透彻地认识到了人生的无常和无奈，更明白了人的一生如镜花水月，虚妄不实。因此，更加坚定了他修行的决心。他努力深究律学经典，并不断修订补充着《四分律比丘戒相表记》。

这一年的夏天真是多事之秋，温州受到了台风的袭击，许多房屋倒塌，人们无处安居，遭受各种痛苦。李叔同本来身体就不好，羸弱多病，再加上他在修行和研究佛教经典方面用力过甚，导致痢疾缠身，但他并未告诉任何人。寂山长老得知后非常担忧，遂前来探望，而眼前的一幕则让寂山长老心疼不已，李叔同本来就消瘦的脸和身体更加嶙峋可怕。寂山长老马上要求他就医。李叔同说："大病从死，小病从医。今是大病，从死就是了。"寂山长老安慰他道："上人不必多虑，不会那么严重。"李叔同此时对寂山长老有个请求。长老说："有何要求尽管提，小僧当尽力而为。"李叔同请求长老待他临终之时，将门窗关闭，再请法师们助念佛号。如断气，六小时后，用被褥裹身送入江心，与水中动物结缘。长老听到这一请求后感到李叔同求生净土的心如此急切，内心无比酸楚，老泪纵横。前来探病的出家者们，听到二人的对话，更是悲痛不已。但是，在李叔同等待死亡的过程中，他并没有放弃念佛拜佛，过了一周左右，病却奇迹般地痊愈了，这更加增进了他对佛菩萨的崇信。身体完全康复后，李叔同还不忘给夏丏尊送些小礼物，鼓励他努力念佛。

这一年冬天，经常为李叔同送饭的厨师陈阿林去世。这位陈阿林每次为李叔同送饭都特别有礼貌，等他吃完饭后收拾碗筷并端详他的脸。如果李叔同吃得太少，陈阿林就会非常担忧。因此，李叔同和他非常投缘。可是，陈阿林后来得了肺痨，虽然重病在身依然努力工作，只是在过年时休了十天的假，回来后就取走被褥不再来寺院工作。临走时他非常不舍李叔同，此次见面之后竟成永别。听到陈阿林去世的消息，李叔同非常悲痛，遂下笔写了《庖人陈阿林往生传》：

> 陈阿林，名修量。瑞安下林乡人。幼业烧瓦。后居城下寮掌斋厨。辛酉三月，余来温城，始识阿林。面黄颧削，无福德相。入侍饮膳，常合掌致礼。食竟，撤盂皿，辄视余面，目久不瞬，如童骏。见余食少，愀尔改容，必穷其故。旧病肺喘，咳嗽不已。然操作勤苦，未尝以是介意焉。夕飧后，恒侍僧众诵阿弥陀经。持佛名号，呗声凄紧，声绝同侣。新岁十日，辍职。越二日，来寮，检取衣被，恋恋不忍去。适有佛事，须人助治，乃暂止焉。留滞数日，未尝言对，十六日午，捧面器入余室内，着新絮袍，冠履襟带，仪观至伟，相顾而喜，且谓不复去矣。后闻人言：阿林是夕归家，居无何，宿疾转剧。二月初七晨，属人沦汤，自濯巾沐浴已，卧床念佛，泊然而化，阅世三十有一。
>
> 赞曰：阿林治庵城寮，先后二年，非勤修净行者。然观其生死之际，脱焉无所累。人谓阿林愚，是其所以不可及也夫？！

七、云游四方

一九二三年，李叔同告别温州，前往上海。此次来沪，主要是承尤惜阴之约，共撰《普劝发心印造经像文》。此文由李叔同开示提纲，尤惜阴执笔撰写。文章由印造经像之"功德""机会""方法""发愿文之程式""写时画时之注意""结论"六大部分组成。文中详细地说明了印造经像的功德，该文后来刊于《印光法师文钞·增广本》第四卷。

在上海，李叔同会见了曾经在护学会共事的穆藕初。对于这次会面，穆藕初曾经专门撰文记录：

> 有某君者，二十年前创沪学会之老友也……嗣后赴日求学，贤名籍甚，邻邦人士惊为稀有。……回国后任教职多年，余虽不常见，然死心甚钦

崇之。越若干
年，忽闻某君将
出家，来申与诸
故旧话别。余
时方兴高采烈，
从事实业。闻
君发出世想，心

弘一法师书法作品

窃非之。而君竟毅然决然脱俗出家，作苦行僧。
虔治律藏，足不履地，严持净戒，示范人天。……
癸亥二月中，余自北省归来，闻律宗某大师有来沪
之消息。惟时节因缘动多牵绊，以故行期蹉跎。
直至三月底，方始抵沪。……

　　穆藕初此段话精练地概括了李叔同的人生转变，表达
出他对李叔同所做人生选择的不解和敬佩之情，以及渴望
见到此人的急迫心情。之所以无比迫切，是因为他在事业
中受挫，内心无比苦闷，此刻急需李叔同这样的大法师开示
度化，以明了烦恼所生之本质和放下之法。因此，当他听说
李叔同来沪的消息，专程赶到李叔同挂搭的沪北太平寺顶
礼参拜。见到李叔同后，穆藕初将自己多年来的人生困惑
和对李叔同出家的困惑进行了请教，李叔同都一一作答。
穆藕初问："我仅仅知道佛教是出世的，而我国衰败至此，非
全力支持，恐国将不国，所以恕我直言，我不甚赞成出世的
佛教。不知弘公将何以教之？"李叔同回答："居士之所见，
属于自利的小乘一派佛教。出家人并非属于消极一派，其
实积极到万分。这，试看菩萨四宏愿就可知道。何谓四宏
愿？就是：众生无比誓愿度；烦恼无尽誓愿断；法门无量誓
愿学；佛道无上誓愿成。一切新学菩萨，息息以此自励，念
念利济众生。救时要道，此为急务。推行佛化，首在感移人
心，以祈慈愿咸修，杀机永息，并非希望人尽出家。出家须
有因缘，而出家人亦讲孝悌忠信，亦主张尽力建设，造福苍
生。至于某些谈论中西文化的人，以为佛教大兴，中国之乱

更无已时云云,其实作者并未真正知晓佛教之精义,只是在那里徒逞私议,浪造口业而已。口唱邪说,障人道心,罪过非轻,殊堪悯恻……阿弥陀佛!"李叔同在此努力扭转穆藕初对于佛教消极的看法,开示他佛教在社会建设层面是积极的,在文化方面是与中国传统的文化精要相通,是慈悲众生,拯救世道的。除此之外,他还劝穆藕初以后多读佛经,以此可解忧,了却烦恼。这次会面对于穆藕初来说意义极其重大,至此,他对佛教有了正面积极的看法。后来他写道:"余此一番开示后,觉佛教自可以纠正人心,安慰人心,使人提起精神服务社会。本诸恶莫作,众善奉行之主意,做许多好事于世间。故余深信佛教于人生有大益。但余喜在家自修,不愿向惹恼场里造因,而取烦恼之果。"穆藕初对于佛教的理解还是多停留在人心世道方面,而对于解脱生死并未涉及。据穆藕初的儿子穆家修先生回忆,自从这次会面之后,自己的父亲开始设佛堂,信仰佛教,结交高僧大德,并作一首佛意盎然的诗词:

> 世界原无事,吾人自扰之。
>
> 痛心由失者,追悔已嫌迟。
>
> 一切凭谁造,贪嗔更带痴。
>
> 咸疑生恐怖,性海浪翻时。
>
> 好事成残局,艰难只手支。
>
> 机缘来莫喜,世味耐寻思。
>
> 寄语当途客,咸宜慎设施。
>
> 前车应借鉴,补益有毫丝。

从诗中可见,穆藕初对于烦恼之来源已经有了非常深刻的体会,知晓一切唯心所造而已。通过此诗,他也劝解世人看破放下,过无烦忧的生活。由此可见,李叔同的随缘度化效果显著。

一九二四年,李叔同从衢州赶回永嘉庆福寺,回到庆福寺后"拟继续掩室,一以从事修养,一以假此谢客养疴"。掩关后,他一方面静修,另一方面继续修改《四分律比丘戒相表记》。经过一番努力，李叔同的这项工作接近尾声，他也为之感到欣喜，想等全部结束后出去散心。正当李叔同无比喜悦并查找游览地图之时，他收到了杨白民去世的噩耗，对此，他悲痛不已："二十年来老友当以白民哥最为亲厚。今白民殁矣！……人生无常，友情亦不能天长地久么？……"随后，他致信杨白民之女："自明日始，当力疾为尊翁诵经念佛；惟冀老友宿障消灭，往生人道天中，发菩提心，修持净行。当来往生极乐，早证菩提。""尊翁既逝，贤女宜日诵《地藏菩萨本愿经》及《阿弥陀经》，并持阿弥陀佛名号，以报深恩。早晚诵发愿文三遍。"

字里行间可以看出，杨白民的去世对李叔同的打击是巨大的。李叔同在脑海中不停地回放着他和杨白民交往的种种场景。曾经，杨白民去虎跑寺看望他，劝他精进修行，帮助他带东西给日本妻子，等等。杨白民是李叔同极为信任的朋友，他出家前后将自己最重要的最私人的事情都交予杨白民处理。杨白民的去世，让李叔同更加深了对世间无常道理的认识。在此期间，他洗手焚香，顶礼诸佛菩萨，为杨白民抄写《佛说八种长养功德经》。这部经是他抄写最长的一部经典。

除了抄经之外，李叔同还准备将自己费尽心血写就的《四分律比丘戒相表记》付诸流布。

逝者如斯夫，不舍昼夜。日子一天天地过去了，从来不曾为任何人停下过脚步。转眼又过了一年，这一年，李叔同已经四十六岁了。他自己深感已经步入了暮年。因而，他将自己的

李叔同自题"晚晴老人"的书法作品

住处称为"晚晴院",将自己称为"晚晴老人"。这一切源于他对李商隐的《晚晴》情有独钟的缘故。"深居俯夹城,春去夏犹清。天意怜幽草,人间重晚晴。并添高阁迥,微注小窗明。越鸟巢乾后,归飞体更轻。"既已定名,李叔同又请陶文星和张蔚亭,分别写了"晚晴院"的匾额。在此晚晴院,晚晴老人李叔同完成了《四分律比丘戒相 表记》的修订工作,同时还完成了《五戒相经笺要》校补。可以说,这一年是李叔同收获的一年。《四分律比丘戒相表记》是李叔同极为珍重的一部著作。他写完这部巨著后,写信给弟子刘质平,交代身后之事,尤其嘱咐他如何对待这部著作。《遗嘱》如下:

刘质平居士批阅:

余命终后,凡追悼会、建塔,及其他纪念之事,皆不可做。因此种事与余无益,反失福也。

倘欲做一事业与余为纪念者,乞将《四分律比丘戒相表记》印二千册。

以一千册交佛学书局[闸北新民路国庆路口(即居士林旁)]流通。每册经手流通费五分,此资即赠与书局。请书局于《半月刊》上登广告。

以五百册赠与上海北四川路底内山书店贮存,以后随意赠与日本诸居士。

以五百册分赠同人。

此书印资,请刘质平居士募集。并作跋语,附于书后,仍由中华书局石印。(乞与印刷主任徐曜垄居士接洽。一切照前式,惟装订改良。)

此书原稿,存穆藕初居士处。乞托徐耀垄往借。

此书可为余出家以后最大之著作。故宜流通,以为纪念也。

弘一书

之后,他又写信给蔡丐因:

丐因居士丈室:

顷诵惠书，忻悉一一。拙述《四分律比丘戒相表记》，今已石印流布。是书都百余大页，费五年之力编辑，并自书写细楷。是属出家比丘之戒律，在家人不宜阅览。但亦拟赠仁者及李居士各一册，以志纪念。开卷之时，不须研味其文义，惟赏玩其书法，则无过矣。又拙书《地藏菩萨本愿经见闻利益品》，书法较《回向品》为逊，今亦付石印以结善缘。尊宗禹泽居士，未审今居杭何处？希示知。拟以《四分律比丘戒相表记》二册及《华严疏钞》四册，送存彼处，俾便他日面奉仁者。（《四分律比丘戒相表记》册太大，不便邮寄。若《地藏菩萨本愿经见闻利益品》早日印就，亦并交去，否则他日别寄。）尊印《回向品》共若干册，并乞示知。《四分律比丘戒相表记》共印千册（由穆居士以七百金左右独力印成）。以五百册存上海功德林佛经流通处，以三百二十册存天津佛经流通处，皆系赠送。如有僧众愿研求比丘律者，若居士等愿将此以为纪念者，皆可托人向上海功德林就近领取。《地藏菩萨本愿经见闻利益品》共印多少，如何分法，今尚未悉。朽人不久将往他方，今移居杭州城内银洞巷六号虎跑下院暂住，料理未了诸事。惠复乞寄上海江湾镇立达学园丰子恺居士转交，恐朽人不久或去沪地。承询所需，俟后有需，当以奉闻。敬谢厚意。此未宣具。

胜臂疏答
八月廿五日

通过这两封信，我们可以看出李叔同对这部著作的重视。《四分律比丘戒相表记》是他出家以来用力最多、最费心血的一部著作，对弘扬律宗起到了不可磨灭的贡献，他也被律宗尊称为祖师。对于李叔同来说，他当年弘律的誓言除了表现在广化度生的实际行动以外，更多的则表现在这部著作当中。可以说,《四分律比丘戒相表记》对后世的影响是巨大的。慈舟大师对这部著作做如是评价:"儒云:不学诗无以言,不学礼无以立。佛子不学经论无以言,不学戒律无以立。既无立足之地,即或能讲,欲将取信于谁?""一戒不学,即或不犯,亦有不学无知罪,当堕合众地狱一万四千四百万年。""具正见之弘一律师深怜愍之,于辛酉年出《四分律比丘戒相表记》,希望好学而畏难之比丘,一学即知梗概。"可见,在慈舟大师看来,衡量一名佛子是否真正合格之标准就是他是否严持戒律,如果连戒律都守不住,那么后续的修行就失去了根基,甚至会堕入地狱。李叔同能够将戒律作专题的著述,对当时的修行人而言是一种激励和警戒,对后世的佛门弟子亦提供了一种行为准则,从而为其修行保驾护航。

印光大师像

八、参拜印光

李叔同最为钦佩的两位法师,一位是藕益大师,一位是印光大师。印光大师(1861—1940),法名圣量,字印光,号常惭愧僧,陕西合阳县赤城东村人。印光大师幼年因读程朱理学经典而受其中辟佛思想的影响,后来因一场大病,使得他转向佛经,在深入佛经的过程中对以往的行为进行忏悔。后于光绪七年(1881)的春天出家,道场为终南山五台莲花洞,拜道纯和尚为师。出家之后,他苦修佛法,专修净土宗,并以弘扬净土为己任,提出"持名念佛""单刀直入",直至得"念佛三昧"之法。第二年,于陕西兴安双溪寺受具足戒。之后,印光大师增修《净土十要》等典籍,并云游于北京龙泉寺、圆广寺、普陀山法雨寺等寺院之间。徐蔚如居士将印光大师二十余篇文章编成《印光法师文钞》刊行于世，之后又相继印出《增广文钞》等。自此，印光大师的净土思想传遍大江南北。当时梁启超对此评价极高："古德宏法，皆觑破时节因缘，应机调伏众生。印光大师，文字三昧，真今日群盲之眼也。诵此后，更进以莲池、憨山、紫柏、藕益诸集，培足信眼也，庶解行证得，有下手处。启超具缚凡夫，何足以测大师，述所受益，用策精进云尔。"梁启超是近代以来极有影响力的大知识分子。他为中国的生民和民族尽心尽力，立德立言，因此深受民众和知识界人士的爱戴。

通过梁启超的评价，从客观意义上起到了宣传印光大师的作用，使多人沐浴法海之中，李叔同就是其中之一。他在修行中遇到问题的时候，都会写信给印光大师寻求开示。据说，李叔同给印光大师写的信大多数都没有被保存下来，而印光大师写给李叔同的信却被保存了不少，有四封被收进了《印光法师文钞》当中。李叔同自修行以来，勇猛精进，用力甚急，他想写血书留给后人。印光大师听说后写信劝他："座下勇猛精进，为人所难能。又欲刺血写经，可谓重法轻身，必得大遂所愿矣。虽然，光愿座下先专志修念佛三昧。待其有得，然后行此法事。倘最初即行此行，或恐血亏身弱，难为进趋耳。入道多门，惟人志趣，了无一定之法。其一定者，曰诚、曰恭敬。此二事虽尽未来际，诸佛出世，皆不能易也。而吾人以缚地凡夫，欲顿消业累，速证无生，不致力于此，譬如本无根而欲茂，鸟无翼而欲飞，其可得乎？"可见，印光大师对于李叔同是慈悲爱护的。他怜惜李叔同身体虚弱，所以劝他放弃血书佛经的想法。

不仅如此，印光大师还对李叔同闭关念佛证念佛三昧之事进行指点："接手书，知发大菩提心，誓证念佛三昧，刻期掩关，以期遂此大愿。光阅之不胜欢喜。所谓最后训言，光何敢当！然可不尽我之愚诚以奉之乎？虽固知座下用此种络索不着，而朋友往还，贫富各尽其分，则智愚何独不然？但尽愚诚即已，不计人之用得着与否耳。窃谓座下此心，实属不可思议。然于关中用功,当以未精不二为主。心果得一,自有不可思议感通。于未一之前,切不可以躁妄心先求感通。一心之后,定有感通。感通则心更精一。所谓明镜当台,遇形斯映,纭纭自彼,与我何涉?心未一而切求感通,即此求感通之心,便是修道第一大障。况以躁妄格外企望,或致起诸魔事,破坏净心!大势至谓都摄六根,净念相继,得三摩地,斯为第一。敢为座下陈之。"李叔同对于印光大师的敬佩不止于此,应该还有更多的原因。

李叔同越来越感到拜印光大师为师的急迫性。他在阿弥陀佛诞辰日,洗手焚香,默默祈祷:"我弟子弘一,今晨发愿,礼请当代印光大师为师,列弟子门墙,祈佛慈悲照我,满我微末的意愿。弟子当下以香燃臂,表白血诚,请佛悲悯!请大师慈光照覆!……"祈愿完毕后,李叔同写信给印光大师:

印公师父慈鉴:

弟子自蒙受圣德熏陶,益感师恩无涯,久思请列弟子门墙,师均以缘未备而谦却,因此,弟子益形感觉福薄慧浅。师如慈悯弟子,谨以粪土之墙,朽木之器,跂待摄受。弟子于今晨已在佛前请求加被,想佛陀必当垂悯。谨候慈旨。

弟子弘一 顶礼

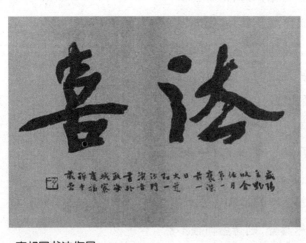

李叔同书法作品

印光大师看了李叔同的来信,虽然为他的诚心所感动,但却婉拒了他。其原因是,在印光大师看来,李叔同是一位乘愿再来的菩萨,其师父不是一般人所能够胜任的。印光大师自觉自己福德不够做其师。李叔同接到印光大师拒绝他的信以后,非常难过,但是,他认定了印光大师就是他师父的最佳人选。因此,时隔大半年后,李叔同再一次致信印光大师,祈求拜师,其诚心终于打动了这位德高望重的佛门大师,从而收其为弟子。李叔同极为高兴,他写信给一位居士说:"印光大师的圣德,不是平常人可以测度的。大师中正似莲池,善巧如云谷,专宏净土,密护诸宗……折摄皆具慈悲,语默无非教化,二百年来,第一人也!……"一九二五年五月初,李叔同和友人前来普陀山向印光大师行弟子礼。

李叔同在印光大师身边时,被其高山仰止的德行所折服,深受感动与启发。印光大师经常说:"因果之法,为救国救民之急务,必令人人皆知,现在有如此因,将来即有如此果。善有善报,恶有恶报。想挽救世道人心,必须从此入手。"他想将佛教的因果报应理论普及到各界各众,使人人知晓此理,奉行诸恶莫做诸善奉行的基本要求,那么人与人、与自然、与社会甚至与自己都是和谐的。可见,虽处同一时代,印光大师的救世理论依然遵从最为纯正的佛教义理而行。康有为、梁启超、章太炎等人也宣传佛教,但他们对于佛教的立场和态度是实用层面的,即将佛教改造为应世向度的,是要为救国救民而起作用的。因此,康、梁、章的佛教思想多与儒家、道家、西方文化相融合而成。印光大师也常说一句话:"专心念佛,不骛其他!"劝导居士和出家人心无旁骛地一心念佛。由此可见,印光大师虽然也是一位爱国爱民的高僧大德,但其本质还是一位佛门正统纯粹的法师,出家法师的宗旨是以修行佛法为要的。

李叔同不仅从印光大师的言论中获得启示,亦从他的日常生活中感念良多,并深刻地影响到他后来的修行,这从他后来的演讲中可见一斑。一九四一年在泉州檀林福林寺念佛期间,李叔同专门演讲了印光大师之盛德,他说:

> 大师盛德至多,今且举常人之力所能随学者四端,略说述之。因师之种种盛德,多非吾人所可及,今所举之四端,皆是至简至易,无论何人,皆可依此而学也。

甲、习劳

大师一生，最喜自做劳动之事。余于一九二四年曾到普陀山，其时师年六十四岁，余见师一人独居，事事躬身操作，别无侍者等为之帮助。直至去年，师年八十岁，每日仍自己扫地，拭几，擦油灯，洗衣服。师既如此习劳，为常人的模范，故见人有懒惰懈怠者，多诚劝之。

乙、惜福

大师一生，于惜福一事最为注意。衣食住等，皆极简单粗劣，力斥精美。一九二四年，余至普陀山，居七日，每日自晨至夕，皆在师房内观察师一切行为。师每日晨食仅粥一大碗，无菜。师自云："初至普陀时，晨食有咸菜，因北方人吃不惯，故改为仅食白粥，已三十余年矣。"食毕，以舌舐碗，至极净为止。复以开水注入碗中，涤荡其余汁，即以之漱口，旋即咽下，惟恐轻弃残余之饭粒也。至午食时，饭一碗，大众菜一碗。师食之，饭菜皆尽。先以舌舐碗，又注入开水涤荡以漱口，与晨食无异。师自行如是，而劝人亦极严厉。见有客人食后，碗内剩饭粒者，必大呵曰："汝有多么大的福气？竟如此糟蹋！"此事常常有，余屡闻及人言之。又有客人以冷茶泼弃痰桶中者，师亦呵诫之。以上且举饭食而言。其他惜福之事，亦均类此也。

丙、注重因果

大师一生最注重因果，尝语人云："因果之法，为救国救民之急务。必令人人皆知，现在有如此因，将来即有如此果，善有善报，恶有恶报。欲挽救世道人心，必须于此入手。"大师无论见何等人，皆以此理痛切言之。

丁、专心念佛

大师虽精通种种佛法，而自行劝人，则专依念佛法门。师之在家弟子，多有曾受高等教育及留学欧美者。而师决不与彼等高谈佛法之哲理，惟一一劝其专心念佛。彼弟子辈闻师言者，亦皆一一信受奉行，绝不敢轻视念佛法门而妄生疑议。此盖大师盛德感化有以致之也。

他评价说："大师为近代之高僧，众所钦仰。其一生之盛德，非短时间所能叙述。今先略述大师之生平，次略举盛德四端，仅能于大师种种盛德中，粗陈其少分而已。"他说："大师生平不求名誉，他人有作文赞扬师德者，辄痛斥之。不贪蓄财物，他人供养钱财者至多。师以印佛书流通，或救济灾难等。一生不畜剃度弟子，而全国僧众多钦服其教化。一生不任寺中住持监院等职，而全国寺院多蒙其护法，各处寺房或寺产，有受人占夺者，师必为尽力设法以保全之。故综观师之一生而言，在师自己决不求名利恭敬，而于实际上能令一切众生皆受莫大之利益。"李叔同虽然在印光大师身边只有七天，却对其佩服得五体投地。他与印光大师的交往也成为中国佛教史上的一段佳话。一九三一年六月十七日，著名作家、教育家叶圣陶先生记录了与弘一法师、印光法师的一次见面："印光法师的皮肤呈褐色，肌理颇粗，一望而知是北方人；头顶几乎全秃，发光亮；脑额很阔；浓眉底下一双眼睛虽不戴眼镜，却用戴了眼镜从眼镜上方射出眼光来的样子看人，嘴唇略微皱瘪，大概六十左右了。弘一法师与印光法师并肩而坐，正是绝好的对比，一个是水样的秀美、飘逸；一个是山样的浑朴、凝重。"作为两位佛教界大师，他们的地位相当，却有不同的精神气质，李叔同的飘逸和秀美在笔者看来源于他早年所经历的艺术熏陶。

九、老友相聚

一九二五年秋，李叔同准备动身前往南京，并顺道去安徽九华山地藏王菩萨道场朝圣。他将此次行程事先告诉了老友夏丏尊，说他要去九华山，中途路过宁波，如果时间宽裕的话,期望见上一面,在宁波他也有可能在七塔寺挂单。之后几日,李叔同独自一人,乘船前往南京,可在半道上听说江浙一带有战事,只好在宁波停留,并找到了七塔寺。没想到七塔寺的云水堂已经没有铺位了,李叔同又找了几处庙宇,仍然没有住处,他只能选择一个条件很差,卫生环境也不佳的客栈住下。这个小客栈的房间只有一张床,半张破烂的桌子,屋子里还有股发霉的味道。李叔同将自己的行李打开,拿出破旧的被子,准备休息。在这个小客栈,李叔同住了两天,付钱后直入七塔寺。此时七塔寺的云水堂已经腾出空位,同四五十个云游的出家人打通铺。于是,李叔同同这些出家人一起修行起居。夏丏尊得到消息后,来云水堂看望李叔同,他们两个已经整整四年未见面了,甚至少有书信往来。看到夏丏尊,李叔同非常高兴,他笑意盈盈地迎了出来,并请夏丏尊落座。夏丏尊问:"到宁波几天了?"李叔同回答说:"三天了,前两天是住在一个小旅馆的。"夏丏尊问:"那个旅馆不怎么清爽吧?"李叔同回答:"很好,臭虫不怎么多,不过两三只。蚊虫过半夜便没有了。主人待我非常客气!"之后,李叔同又向夏丏尊介绍了他这一路的所见所闻所感所想。他们如同又回到了那些曾经无话不谈的日子。只是,夏丏尊听着这一切,内心泛起了一阵酸楚,一个物质生活曾经那么丰厚的公子,如今对如此条件的生活而心满意足,真是让人难以理解呢。李叔同出家后,他曾经任教的浙江第一师范校长经亨颐在白马湖创建了春晖学校。夏丏尊也是受经校长的邀请才过来任教

今天的白马湖

的。但是，春晖中学因教师的教学理念不相一致，从而导致在很短的时间学校就解散了。夏丏尊则在此后去了宁波的一所中学任教。夏丏尊邀请李叔同去他教书的上虞白马湖小住几日，因为他已经在那里安家落户了。经过夏丏尊诚恳地邀请，李叔同答应了。到了白马湖之后，夏丏尊帮李叔同打扫了房间。李叔同则打开被褥，将几件衣服卷住当枕头。夏丏尊看到老友那又窄又旧又破的被褥和简单的草席，心里很不是滋味。李叔同拿出一条又黑又破的毛巾，到湖边洗脸。此时，夏丏尊再也忍不住了，问道："这手巾太破旧了，

李叔同与友人在一起

我给你换一条好吗？""哪里，还好用的，和新的也差不多。"由于李叔同一天只吃两顿饭，因此，夏丏尊在十一点前给他送来了斋饭。本来，李叔同嘱咐过夏丏尊，只要一碗菜的。但夏丏尊过于心疼李叔同，还是送了两碗菜。这两碗菜，其实都是最普通不过的蔬菜了，但是李叔同吃起来却无比地享受和珍惜。夏丏尊看到后，被感动得眼泛泪光。过了一段时间，李叔同为夏丏尊考虑，决定自己亲自去夏家吃饭。在夏家，李叔同叮嘱夏丏尊，青菜就很好了，不要再加香菇、豆腐之类的东西了，并举了印光法师的例子。他说："五月间我在普陀山参礼印光法师，见他早饭光是一碗白粥。中午吃的菜里，连油都不搁的。相比之下，我要比他奢侈多了。在惜物一事上，我还得向印光法师学习呢！"可见，印光法师在生活中的俭朴和惜福之举，深深地烙在了李叔同的心里，并成为他自己后半生的生活方式。

李叔同在白马湖待了几天之后，又起程去往绍兴。在绍兴任教的李鸿梁、孙选青、蔡冠洛等学生专程前来迎接。

蔡冠洛看到李叔同的行李之后，无比感慨。他走在一行人的身后，陷入了沉思。他想，李叔同曾经名盛一时，对国外的绘画和乐器都是那样的精通，可是如今，却使用如此破旧的行李，这真难使人将曾经身着华丽富贵服装的茶花女的扮演者与眼前的俭朴的高僧大德联系起来。李叔同能与妻子、艺术诀别，追寻他自己的人生理想，这不是一般人的所作所为。在这样的思索中，蔡冠洛一行人将法师送到李鸿梁在龙山南麓第五师范的卧室居住。虽然此处环境幽雅，亲近自然，但由于离小学过近，小孩子的吵闹让李叔同无法静心修行。于是，他住了几日后便搬到了城东草子田头普庆庵居住。普庆庵是一座家庵，人少清静，李叔同住了半个月。在此地，他写出了三百多张佛号，并分别交给李鸿梁、蔡冠洛、孙选青等人，嘱咐他们将其赠给有缘之人。

一九二六年，李叔同写信给丰子恺：

> 因出月拟赴江西庐山金光明会参与道场，愿手写经文三百叶分送各施主。经文须用朱书，旧有朱色不敷应用，愿仁者集道侣数人，合赠英国制水彩颜料 Vermilion（朱砂）数瓶。……欲数人合赠者，俾多人得布施之福德也。

李叔同告知丰子恺，自己将赴江西手写经文弘法，请他帮助做好相应的准备工作。收到信后，丰子恺和夏丏尊遵照李叔同的吩咐，备好了颜料和宣纸寄给他。过了些日子，李叔同和同修法师一同去了丰子恺的家里，并告知他："子恺，今天我们要在你这里吃午饭，不必多备菜，只须早一点就好了。"丰子恺没有料到老师会来，所以有些紧张。李叔同解释说："前天到上海的，住在小南门灵山寺。等江西来信后，才能决定动身赴庐山的日期。"李叔同到来的消息传到了丰子恺邻居的耳朵里，他们纷纷前来拜访，一睹李先生的风采，也有邻居有些疑问想要请教他。比如，一位邻居对于李叔同放下曾经的贵族生活而皈依佛门有所不解，还有人向他请教了有关油画的

李叔同书法作品

问题,气氛和谐宽松,一改法师往日的肃穆。这一场景,丰子恺后来回忆:"寂静的盛夏的午后,房间里充满着从窗外草地上反射进来的金色的光,浸染着围坐笑谈的人,我恍惚间疑是梦境呢!"

由于庐山还没有通知,李叔同本想趁此空闲去趟超尘精舍,但没找到。于是他改变主意,去了他和母亲曾经下榻的城南草堂,那如梦如幻的地方。如今的城南草堂早已物是人非,母亲曾经住的地方,已成了佛堂。河浜被填成了马路,金洞桥也消失了,李叔同走到转角处看到一家老药铺,没有一个人他能认识。从这些人口中,李叔同得知许幻园将城南草堂倒给了一位五金商人。这位商人又将此送给了出家人做修行处所。面对此情此景,若是一般人都会产生幻灭无常之感,会从内心深处生起难过之情。但李叔同却是兴奋的,这对他来说再平常不过了,世间万物皆处无常变化之中,虽说城南草堂是他们天涯五友曾经无忧无虑,作诗吟赋的天堂,是他一生中美好回忆的地方,但此时作为出家人的修行场所,亦是再好不过的。所以李叔同回去后便将所见告诉丰子恺说:"真是奇缘! 彼时彼刻,我真有无穷的感触啊!"他还邀请丰子恺同他一起再次参观。第二天,师徒二人一同前往参观城南草堂。看着李叔同兴奋地讲解,丰子恺却陷入了阵阵悲戚的情感中去,他在想:"如果李叔同先生没有这个母亲,如果这个母亲迟几年去世,或者现在还在世,这局面又会怎样呢? 恐怕他不会做和尚,我不会认识他,今天也就不会来凭吊这房子吧! 那么,又是谁在操纵着制定这局面的权力呢? ⋯⋯看来,人生的局面是由各种机缘造就的。"因缘和合,本身就是世间万物生灭的根本原因之所在。带着这样的心情,丰子恺又随老师一起寻找城南草堂曾经的主人,那个曾经多才多艺、风流倜傥的许幻园。经过他人指引,师徒二人找到了许幻园的住所,那是金洞桥下新铺马路边上的一间平房。听到李叔同的呼唤,许幻园才慢慢走了出来,只见他头发斑白,身体也不再挺拔,的确是一位老人了。此处的无常,让李叔同难过不已。他关切地问起许幻园的生活,得知他当前生活困顿,勉强糊口。看到幻园难过了,李叔同转移话题,聊起了他们曾经的岁月。这一聊,让许幻园开心了起来,二人沉浸在过往的美好当中,追忆着点点滴滴。这一切让陪坐的丰子恺再一次感慨落泪。

在上海短暂停留之后,李叔同和弘伞来到庐山,此次庐山之行历时四个多月。在此期间,他们两位法师参加了金光明法会。李叔同同时研读了《华严疏钞》,并书写出《华严经十回向品初回向章》,这一书法作品后来成为他自认为的"最精彩之作"。

十、《护生画集》

一九二七年,李叔同四十八岁,居住在杭州的常寂光寺。七月份又移居到灵隐寺后山的本来寺。由于侄子的探望,让他萌生了回天津探亲的念头。农历九月,他给蔡丐因写信说"初三日赴沪,即往天津一行"。在上海,李叔同暂住在丰子恺家里,想尽快完成手头的《四分律比丘戒相表记》,然后再北上。其间,叶圣陶、李石岑、周予同等人前来拜访,并一起聚餐,并认识了日本友人内山完造。李叔同将自己已经出版的《四分律比丘戒相表记》的三十册交给了内山完造,请他分别赠送给日本的有缘机构。

与此同时,印光法师身边的李圆净居士也前来拜访了李叔同。第二天,丰子恺带着两幅戒杀漫画前往请教李圆净,并得到了高度的赞赏。李圆净居士说:"子恺兄能画这类作品,在当今之世,实为发扬护生其理的无上利器。真该继续绘画一批,以结集济世。"有了李圆净的鼓励和支持,丰子恺更加坚定了自己的想法,即通过绘画的方式将戒杀的道理向普通民众传播。他曾在《护生画集》第三集的自序中写道:

护生者,护心也(初集马一浮先生序文中语)。

去除残忍心，长养慈悲心，然后拿此心来待人处世。——这是护生的主要目的。故曰：'护生者，护心也。'详言之，护生是护自己的心，并不是护动植物。再详言之，残杀动植物这种举动，足以养成人的残忍心，而把这残忍心移用于同类的人。故护生实在是为人生，不是为动植物。……割稻、采豆、拔萝卜、掘菜，原来也是残忍的行为。天地创造这些生物的本意，绝不是为了给人割食。人为了要生活而割食它们，是不得已的，是必要的，不是无端的。这就似乎不觉得残忍。只要不觉得残忍，不伤慈悲，我们护生的主要目的便已达到了。故我在这画集中劝人素食，同时又劝人勿伤害植物，并不冲突，并不矛盾。

我的提倡护生，不是为了看重动物的性命。……'众生平等，皆具佛性'，在严肃的佛法理论说来，我们这种偏重人的思想，是不精深的，是浅薄的，这点我明白。但我认为佛教的不发达、不振作，是为了教义太严肃、太精深，使未劫众生难于接受之故。应该多开方便之门，多多通融，由浅入深，则弘法的效果一定可以广大起来。

可见，丰子恺作《护生画集》的目的是为了通过爱护动植物而长养人的慈悲心。但由于佛教的教义较为艰深难懂，不是所有的人都能接受，因此，可以通过这种浅显易懂的艺术形式，寓教于乐，教化更多的人。

虽说如此，丰子恺还要进一步征求老师的意见。李叔同一听，也非常高兴，他嘱咐丰子恺请来李圆净，三个人要好好商定一番。他们三人最终达成了如下共识：在每一幅漫画上都配上说明文字，丰子恺负责绘图，李叔同负责说明文字，李圆净则负责出版发行等事宜。从此后的半年时间里，丰子恺都会将所绘之图寄给李叔同，请他指正并配上文字。当然，也有李叔同写好文字，丰子恺以文字为基础，激发灵感创作出漫画图。李叔同经常在信中指导丰子恺和李圆净，严格要求，事无巨细，以期达到预期的目的。他说："……发愿流布《护生画集》，盖以艺术作方便，人道主义为宗趣。""此画集为通俗之艺术品，应以优美柔和之情调，令阅者起凄凉悲悯之感想，乃可不失艺术之价值。若纸上充满残酷之气，而标题更用'开棺''悬梁''示众'等粗暴之文字，则令阅者起厌恶不快之感，似有未可。更就感动人心而论，则优美之作品，似较残酷之作品感人较深。因残酷之作品，仅能令人受一时猛烈之刺激。若优美之作品，则能耐人寻味，如食橄榄然。"这充分表现出李叔同对《护生画集》的期望和他做事的严谨态度。丰子恺和李圆净也尊重、听从李叔同的意见，并打算将画集规模扩大，一方面可以作为法师的五十寿辰之大礼，另一方面也可体面地赠送外国友人。李叔同对这样的设想、这样的厚礼是非常满意的。他一方面随喜赞叹，另一方面积极配合画作题写说明文字而不辞疲倦，并且还专程来沪进行指导。在师徒共同创作《护生画集》的过程中，李叔同将戒杀放生的理念也运用到了实际生活中去。有一日，他看到一只关在笼子里的鸭子，为了避免它被宰杀，李叔同将其买回，并嘱咐丰子恺按照鸭子样子作画，并以"老鸭造像"为题收入《护生画集》。李叔同题词曰："罪恶第一为杀，天地大德曰生。老鸭札札，延颈哀鸣；我为赎归，畜于灵囿。功德回施群生，愿悉无病长寿。"可见，艺术来源于生活，艺术亦可为生活指点道路，二者是相辅相成的关系。

在《护生画集》的最后，李叔同题写了两首回向偈：

　　李、丰二居士，发愿流布《护生画集》，盖以艺术作方便，人道主义为宗趣。每画一叶，附白话诗，选录古德者十七者，余皆贤瓶闲道人补题。并书二偈而为回向：

　　　　我依画意，为白话诗；意在导俗，不尚文词。

　　　　普愿众生，承斯功德；同发菩提，往生乐国。

《护生画集》中的五十首诗全部由李叔同书写，其中有十七首选自唐宋明清等诗人的作品，剩下的三十三首都是李叔同自己所作。作为一名出家人，他自知不可摆弄诗词曲赋，因此，他叮嘱丰子恺等人，隐去他的真名，用"贤瓶闲道人"代替。这些题诗的内容，分为三类：

第一类是倡导众生平等，劝世人无缘大慈，同体大悲。这样的题诗主要集中在《今日与明朝》《亲与子》《蚕的刑具》等画作中。

第二类是表达动物之间的感情，尤其是因人类的屠杀而产生的生离死别之情，从而感动人们能够爱护动物，唤起同情恋爱之情，停止杀戮。这样的题诗主要集中在《生的扶持》《母之羽》《诀别之音》等画作中

第三类是宣传性题诗。在《仁兽》中，李叔同说明："儿时读《毛诗·麟趾章》，注云：'麟为仁兽，不践生草，不履生虫。'余讽其文，深为感叹。四十年来，未尝忘怀。今撰护生诗歌，引述其义；后之览者，幸共知所警惕焉。"

经过李叔同的题诗，为《护生画集》锦上添花，使其寓教于乐，在趣味中使人的内心得以净化，境界得以升华。

经过三人的共同艰苦努力，《护生画集》终于在李叔同的寿辰之前出版，并有英译本流向海外。马一浮在序言中写道："月臂（弘一法师别署——引者注）大师与丰君子恺、李君圆净，并深解艺术，知画是心，因有《护生画集》之制。子恺制画，圆净撰集，而月臂为之书。三人者盖夙同誓愿，假善巧以寄其恻怛，将凭兹慈力，消彼犷心，可谓缘起无碍，以画说法者矣。……故知生则知画，知画则知心矣，知护心则知护生矣。吾愿读是画者，善护其心。"《护生画集》出版之后，得到了广大读者的喜爱，各大出版单位争相出版、翻印，版本多达十五种，发行量巨大。李叔同对这样的寿礼无比赞叹，他希望在未来的寿辰中，能够陆续出版《护生画集》。他说："朽人七十岁时，请仁者作《护生画集》第三集，共七十幅；八十岁时，作第四集，共八十幅；九十岁时，作第

五集,共九十幅;百岁时,作第六集,共百幅。《护生画集》功德于此圆满。"这一嘱咐丰子恺铭记在心,他当时回信给李叔同说:"世寿所许,定当遵嘱。"并用后半生全心致力于《护生画集》的创作,其间的艰苦无人能知。李叔同于一九四二年病逝,李圆净先生于一九五〇年自尽,完成《护生画集》的任务全部落在了丰子恺一人肩上,使他也对人生无常有了更深的体悟,画作较之以往也更有深度。在绘编最后一集时,恰逢"文化大革命",丰子恺被批斗摧残,但是,即使是那样恶劣的环境中,他依然没有忘记老师对他的期许和嘱咐,克服重重困难,秘密完成最后一集。一九七五年,丰子恺几经折磨和病痛,最终还是撒手人寰。一九七八年,广洽法师将其画集带到了境外,并亲自为其作序,同时筹备出版事宜。最终,于李叔同百岁冥寿之时,《护生画集》由香港时代图书有限公司出版。至此,丰子恺先生一生最终功德圆满,完成了老师的心愿,也为后世留下了至今影响力不减的伟大画作。

十一、晚晴山房

随着年龄的增长,李叔同的体力也大不如前,这个时候全国各地毁寺的风潮正风起云涌。一九二八年,李叔同写信给丰子恺说:"城垣拆毁过半,又复中止。故寓楼之前,尚未有喧扰之虞。惟将来如何,未可预料耳。"再加上他这段时间经常居无定所,到处云游漂泊,也该安定下来了。因而,他的弟子们考虑到老师的各种困难和不便,于是准备为他建筑固定的庵舍来安心修行,安养晚年。几经考虑,他们将地点选在了上虞白马湖。因为老师喜欢清静,而白马湖这条小街则非常僻静,且与经亨颐、丰子恺、夏丏尊家离得也很近,方便照顾,所以是最佳选择。但是由于资金不足和李叔同的拒绝,这项计划一直未能得到实施。后来在现实面前,李叔同最终勉强同意。

待得到李叔同的同意之后,刘质平公布了《为弘一法师筑居募款启》：

弘一法师，以世家门第，绝世才华，发心出家，已十余年。披剃以来，刻意苦修，不就安养；云水行脚，迄无定居；卓志净行，缁素叹仰。同人等于师素有师友之雅，常以俗眼，悯其辛劳。屡思共集资材，筑室迎养；终以未得师之允诺而止。师今年五十矣，近以因缘，乐应前请。爰拟遵遁师意，就浙江上虞白马湖觅地数弓，结庐三椽，为师栖息净修之所，并供养其终身。事关福缘，法应广施。裒赖腋集，端资众擎。世不乏善男信女，及与师有缘之人。如蒙喜舍净财，共成斯善，功德无量。

刘质平　经亨颐　周承德　夏丏尊　穆藕初
朱稣典　丰子恺同启

中华民国十七年（1928）岁次戊辰十一月

经过半年的修建，山房于一九二九年夏天完工，李叔同将其命名为"晚晴山房"，并于八月份收拾入住。对于晚晴山房的成功修建，李叔同非常满意，他写信给夏丏尊说：

山房建筑，于美观上甚能注意，闻多出于石禅之计划也。石禅新居，由山房望之，不啻一幅画图（后方之松树配置甚妙）彼云：曾费心力，惨淡经营，良有以也。现在余虽未能久住山房，但因寺院充公之说，时有所闻。未雨绸缪，早建此新居，储蓄道粮，他年寺制或有重大之变化，亦可毫无忧虑，仍能安居度日。故余对于山房建筑落成，深为庆慰。甚感仁等护法之厚意也（秋后往闽闭关之事，是为凤愿，未能中止。他年仍可来居山房，终以此处为久居之地也）。以上之意，如仁者与发起诸居士及施资诸居士晤面之时，乞为代达。因恐他人以新居初成，即往他方或致疑诽者。故乞仁者善为之解释，俾令大众同生欢喜之心也……

在李叔同五十岁寿辰那天，夏丏尊、刘质平等友人和学

今天的"晚晴山房"

生们共济一堂为法师庆寿，他们在经亨颐的书房和法师共享了长寿面。李叔同也非常高兴，他将新出版的《护生画集》赠送给了在场的友人和学生，兴致之下，又提笔写下了"天意怜幽草，人间重晚晴"赠送给了夏丏尊。与此同时，李叔同还写下了五个篆书大字："具足大悲心"，将其赠送给了刘质平。席间，有位叫徐仲荪的居士提议买些鱼儿放生，以作为送给李叔同的大礼。放生作为佛教修行中的一项重要举措，具有消除业障，累积福报的积极意义，所以在理解佛教的人士看来，生日之时放生是最好的礼物，可以为寿星积功累德，消除恶业。李叔同听后，自然非常高兴，他将此事交付给刘质平来办理。

生日之后的第三天，李叔同与徐仲荪、刘质平、夏丏尊等人，带着买好的十多斤鱼虾前往白马湖放生。李叔同首先做了放生仪规，他用杨柳枝净水为这些在畜生道受苦的众生灌顶加持，使其能够在佛光的照耀之下，得以消除往昔恶业，离苦得乐。待仪规结束后，李叔同等人上了一艘小船驶入湖中，同时，他们将鱼虾轻轻放入湖中，看着它们欢喜雀跃地游向四面八方，重新获得了自由，船上之人无不动容，岸边之人更是拍手称赞。此刻，李叔同悲心荡漾，流下了慈悲的泪水。这次放生活动给李叔同留下了深刻的印象，他后来将此次经历撰写成一篇《白马湖放生记》。在文中，他说："白马湖在越东驿亭乡，旧名渔浦。放生之事，前未闻也。己巳秋晚，徐居士仲荪过谈，欲买鱼介放生白马湖，余为赞喜，并乞刘居士质平助之，放生既讫，质平记其梗概，余书写二纸。一赠仲荪，一与质平，以示来览焉。"同时，文中还详细记录了当时的舍资者、佐助者、肩荷者、鱼市所在地、所买品种、值资、放生场所、盛鱼虾所用工具、放生同行者、放生时辰、随喜者等相关事宜，全方位地呈现了当时的场景。

过完五十大寿后，李叔同又起身回温州城下寮去住了，他恳请惟净法师照料山房。一九三〇年夏天，李叔同第二次来到晚晴山房，这次来此地主要是因为他身体越来越差，体力不支，需要静养。在这期间，他写信给挚友夏丏尊说：

> 去秋往厦门后身体甚健，今年正月在承天寺居住之时，寺中驻兵五百余人，距余居室数丈之处，练习放枪并学吹喇叭，及其他体操唱歌等，有种种之声音，惊恐扰乱，昼夜不宁，而余则竭力忍耐，至三月中旬，乃动身归来，轮舟之中，又与兵士二百余人同乘，种种逼迫，种种污秽，总非言语可以形容。共同乘二昼夜，乃至福州。余虽强自支持，但脑神经已受重伤。故至温州，身心已疲劳万分，遂即致疾，至今犹未十分痊愈。
>
> 庆福寺中，在余归来之前数日，亦驻有兵士，至今未退。楼窗前二丈之外，亦驻有多数之兵，虽亦有放枪喧哗等事，但较在福建时则胜多多矣。所谓"秋荼之甘，或云如荠"也。余自念此种逆恼之境，为平生所未经历者，定是宿世恶业所感，有此苦报，故余虽身心备受诸苦，而道念颇有增进。佛说："八苦为八师。"洵精确之定论也。余自经种种摧残，于世间诸事绝少兴味。不久即正式闭关，不再与世人往来矣（以上之事，乞与子恺一谈，他人之处，无须提及为要）。以后通信，惟有仁者及子恺、质平等，其他如厦门、杭州等处，皆致函诀别，尽此形寿不再晤面及通信等。以后他人如向仁者或子恺询问余之踪迹者，乞以"虽存如殁"四字答之，并告以万勿访问及通信等。质平处，余亦为彼写经等以塞其责，并致书谢罪。现在诸事皆

结束，惟有徐蔚如编校《华严疏钞》，属余参订，须随时通信。返山房之事，尚须斟酌，俟后奉达。

山房之中，乞勿添置纱窗，因余向来不喜此物，山房地较高，蚊不多也。余现在无大病，惟身心衰弱，又手颤眼花神昏，臂痛不易举，凡此皆衰老之相耳，甚愿早生西方。

从这段文字我们可以看出，李叔同喜欢清静的环境，但在承天寺、庆福寺这样的佛门圣地，竟然被官兵的操练多有干扰，导致睡眠不足，精神衰弱。在笔者看来，他当然不完全是因为环境过于嘈杂而导致衰弱，这样的环境是当时战争年代局势不稳、人心惶惶的一个缩影，民族国家处于水深火热之中的局势才是让他真正不能安稳的重要原因。他内心凄凉无依，只好写信给挚友夏丏尊吐露心情。夏丏尊接到信之后，也非常关心李叔同的身心健康。五月十四日是夏丏尊的生日，他邀请了李叔同、经亨颐一同前往夏家的小梅花屋用斋。三人聊起了当年在浙江第一师范学校任教的往事，不禁潸然泪下。岁月总是无情的，它带走了太多的东西，又改变了太多的境遇。在岁月的流变中，经亨颐从教育专家转行为政府官员，但不久便爆发了国民革命，这使他无比悲苦，不仅仅是因为自己的仕途，也为国家的前途命运而担忧不已。而李叔同则出家做了和尚，伴在青灯古佛旁，曾经的荣华富贵都化为了前世尘影，均已不复存在。在当时这样的一种情绪及氛围中，经亨颐作了一幅画来为夏丏尊祝福，并题为："清风长寿，淡泊神仙。"李叔同则为这幅画题了"苦空二偈"：

庚午五月十四日，丏尊居士四十五生辰，约石禅及余至小梅花屋共饮蔬食，石禅以酒浇愁。酒既酣，为述昔年三人同居钱塘时良辰美景，赏心乐事，今已不可复得。余乃潸然泪下，写《仁王般若经》苦空二偈贻之：

生老病死，轮转无际。事与愿违，忧悲为害。

欲深祸重,疮疣无外。三界皆苦,国有何赖?

有本自无,因缘成诸。盛者必衰,实者必虚。

众生蠢蠢,都如幻居。声响皆空,国土亦如。

　　永宁沙门亡言,时居上虞白马湖晚晴山房

　　李叔同题此偈,一方面是感慨人生无常,三界皆苦,声响皆空;另一方面,他也是为经亨颐宽心,经亨颐的救国济世抱负在国民革命的摧毁下支离破碎,他因绝望而痛苦。李叔同通过这样一首佛偈劝他明白世间万物都是因缘和合的产物,本性为空。我们每一个人生存在这个世界上都是虚幻地暂时居住,世间万物皆如此,国家亦复如是,因此,切不可将其作为实有之存在。李叔同所提的佛偈,相信经亨颐看到后多少会有所领悟。这一场面是温暖而伤悲的,符合人生苦乐参半的真相,这也是晚晴山房中比较有纪念意义的事情。

　　之后,李叔同又离开白马湖去了宁波,但没有待多久又返回。在晚晴房,他圈点完天津新刊本《行事钞》,改正了不少错字,之后又为其写了《圈点〈南山钞记〉自跋》:"剃染后二年庚申,请奉东瀛古版《行事钞记》,未遑详研。甲子四月,供施江山。逮于庚午六月居晚晴山房,乃检天津新刊,详阅圈点,并抄系科文,改正讹误。"与此同时,刘质平前去探望,与他商榷"清凉歌"的编写计划。李叔同写了《华严经》偈句赠送给他,偈句是:"获根本智,灭除众苦;证无上法,究竟清凉。"之后,又加了题记:"庚午六月,质平居士重来白马湖晚晴山房,商榷"清凉歌",因为撰辑第一集,都凡十首,并集《大方广佛华严经》偈句,书联贻之,以为著述之纪念。"通过这种方式,李叔同处处随缘度化有缘众生,期盼他们能早日回头是岸,其良苦用心令人感动,真正体现了他上求佛道,下化众生的宗旨。刘质平后来评价说:"先师与余,名虽师生,情深父子。"当时,有同样感受的人应该不止刘质平一人,好多人因为受到李叔同的教化而一心向佛,皈依佛门,或者出家,或者为在家居士。这不仅是佛法的通透性感召的结果,也是李叔同人格魅力感召的结果。

十二、《清凉歌集》

在李叔同的五十大寿上,刘质平提出了请法师创作《清凉歌集》的设想,其原因在于,曾经赴日专业系统学习过音乐的刘质平对当时流传于世的音乐并不满意。他认为,这些音乐、歌曲都缺少具有思想内涵和教化意义的作词者,因而"如果任凭靡靡俗曲流行间阎,影响所及,后果实在可虑"。他对李叔同说:"老师出家有点过早了,没能充分发挥您在音乐上的才华呢,实在可惜。如果老师能继续写些歌曲,其功德无量矣!"李叔同对于这一设想还多少有些犹豫,因为他已出家,安心弘法修行,不该参与诸等事宜。但经仔细思考之后,李叔同答应了刘质平的请求,但强调只写词,不谱曲,谱曲的工作交由刘质平等人去做。这是他对世俗需要亦是宣扬佛法之方便所做的让步。一九三一年,李叔同在浙江慈溪白湖金仙寺写成了《清凉歌》五首,由于歌词渗透的是佛教的思想和义理,因而他担心过于抽象难懂,便请芝峰法师撰写了《清凉歌集达旨》。他在写给芝峰法师的信中说:"音因刘质平居士谆谆劝请,为撰《清凉歌集》第一辑。歌词五首,附录奉上,乞教正。歌词文义深奥,非常人所能了解,须撰浅显之注释,详解其意。音多病,精神衰颓,万难执笔构思,且白话文字亦非音之所长,拟奉恳座下慈愍,为音代撰歌词注释,至用感祷……"同时,他还嘱咐芝峰法师注意其中的注释要求:"此歌为初中二以上乃至专科学生所用。彼等罕有素信佛法者,乞准此程度,用白话文撰极浅显之注释,并令此等学生阅之,可以一目了然。注释中有不得已而用佛学专门名词者,亦乞再以小注解之。注释之法,以拙意悬拟,每首拟先释题目,后释题目之字义。释歌词中,先述全首歌词之大意,次略为分科,后乃解歌词之字义也。"可见,其目的正在于为歌词进行详细的诠释,以有利于听者的理解。李叔同在对待《清凉歌集》上的态度也是非

李叔同手书"无上清凉"

常积极和认真的,这当然是他一贯的行事作风,亦是他将艺术作为善巧方便来接引众生学佛的一种机缘和方法。

实际上,在民族危亡面前,这样的事俨然成了小事。待日军大规模入侵之后,师徒二人都疲于奔波或修行,生存都成了问题。因此,当年李叔同期望陆续出版十编的《清凉歌集》的愿望落空,在双方的努力下,只有一编得以出版流传。这一编共包含五首歌曲,由李叔同作词,俞绂棠、潘伯英、徐希一、唐学咏、刘质平分别作曲而成。尽管如此,《清凉歌集》在当今得到了人们的赏识。总体而言,里面所包括的几首歌曲都蕴含了李叔同对于宇宙人生的理解。在此,他告诫世人一切都将转瞬即空,人生就是一场大梦,在梦还没有醒来之时,人们还将其认作真实的存在,从而执着,或欢乐,或痛苦;待梦醒之后,才了知佛所说之真义。因此,人生虚妄,了生脱死才是真道。比如,他在第一首《清凉》中写道:

清凉月,月到天心,光明殊皎洁。今唱清凉歌,心地光明一笑呵。清凉风,凉风解温,暑气已无踪。今唱清凉歌,热恼消除万物和。清凉水,清水一渠,涤荡诸污秽。今唱清凉歌,身心无垢乐如何。清凉,清凉,无上究竟真常。

这里的清凉,并非我们平日所说的凉爽,而是通过修持佛法之后,业障消除,内心清净之后的一种感受,因而才能做到"身心无垢乐如何"。此种乐,并非世俗意义上欲望满足后的乐,而是法喜充满,了知世间真相之后的乐,是最根本的终极之乐。

再比如,最具有代表性的一首《世梦》:

却来观世间,犹如梦中事。人生自少而壮,自壮而老,自老而死。俄入胞胎,俄出胞胎,又入又出无穷已。生不知来,死不知去,蒙蒙然,冥冥然,千生万劫不自知,非真梦欤?枕上片时春梦中,行尽江南数千里。今贪名利,梯山航海,岂必枕上尔!庄生梦蝴蝶,孔子梦周公,梦时固是梦,醒时何非梦?! 旷大劫来,一时一刻皆梦中。破尽无明,大觉能仁;如是乃为梦醒汉,如是乃名无上尊。

这首歌词更将人生如梦的现实呈现给世人,借以告诫世人,名利生死均为梦幻泡影,如露亦如电,转瞬即逝。人的一生不能执着于这些东西,并为其忙累,而是要努力修行佛法,累积福报,消除业障,破尽无明,方可解脱。此乃人生最大的事情,切不可颠倒梦想。值得注意的是,芝峰法师对此首歌词的解释更为透彻,他说:"在梦中不明白这是梦境,不是实有的,却反执着为实有,而起喜怒哀乐,这即是'梦中无明'。进一步讲,我们在这生不知来,死不知去,蒙蒙冥冥,贪名争利,生死死生,旷大劫来,何曾知道这是如幻的人生呢? 因为这样,在这千生万劫的长夜,做其大梦,以为是实有,这就是'大梦的无明'(即与生俱来所谓先天的或本能的)。假使我们知道这是大梦,在这长夜无明中力求其醒。——就是以智慧来观世间,明白一切的一切,都是缘会幻有,缘散幻灭,不固执为实在。渐渐地明白了宇宙人生,皆是缘生,是无固定有实自性,所以一为固执无明的心力所主动的时候,就有了幻现种种的世界,醉生梦死地流传着,如梦中由梦的无明幻力所变现梦中种种境界一般……"可见,《清凉歌集》所要表达的正是万物皆因缘和合之产物,本无自性,本性为空,世人当勇于破除无明,看破放下,了知人生之大梦,由此才能得清凉,化解热恼。

在师徒等人的共同努力下,五首清凉歌作为一集,由夏丏尊作序,李叔同定名,马一浮题写书名,终于在一九三六年由开明书店正式出版了。《清凉歌集》的出版,为中国佛教音乐艺术乃至整个中国艺术界留下了宝贵财富,诚乃"中国音乐史上之佳话矣"。

十三、白湖岁月

金仙寺位于宁波慈溪县鸣鹤场镇的西边,对面就是水域宽广的白湖,沿着这个湖的数十里地,建有各样的房舍,有种远离尘世纷扰之感。金仙寺自兴建以来，就吸引了诸多高僧大德前来驻锡，其住持是亦幻法师。一九三〇年十月的一天，正在休息的亦幻法师看到李叔同背着行李从白湖岸边走来，亦幻法师认出了他，便迎上去，热情地打招呼。李叔同与亦幻法师结缘于一九二八年的冬天，当时亦幻法师是闽南佛学院的教师，后来调往金仙寺做住持。对于李叔同此次金仙寺之行，亦幻法师后来在《弘一大师在白湖》一文中做了详细的记载："他就带着他的小藤箧，《华严宗注疏》和道宣律师的很多著作惠临。我见到他带来的衣服被帐，仍都补衲成功，倒并没有感觉什么出奇或不了解。这犬儒主义式的行脚僧的姿势，我在厦门已司空见惯了。只是这么老，还孑然一身过云游生涯，上下轮船火车，不免不便，我心中曾兴起不敢加以安慰的忧忡。"可见，李叔同所带的行李非常简陋，但将佛典却视如至宝。通过在厦门时对李叔同的了解，亦幻法师对他的生活习惯也保持了尊重与理解。

据亦幻法师回忆，李叔同在金仙寺住下后便开始了手头上的工作。他一方面为天津佛经流通处校勘一部《华严经著述》，一部灵芝《羯磨疏济缘记》；另一方面，他还继续开展他的佛学研究和修持，并于每日饭后，必定诵读《普贤行愿品》回向给四恩三有，同时为自己往生净土做准备。当时亦幻法师与他为邻，每次都偷听李叔同用天津方言诵经。因为这样，他感受到了一种力量，坚定了他的信念。

同年农历十月十五，天台静权法师来金仙寺讲解《地藏经》《弥陀要解》。《地藏经》是佛门孝经，记载了佛往忉利天为母说法，光母女、婆罗门女救母于恶道之中的感人事迹。李叔同在俗家之时，也是一位大孝子，从小与母亲相依为命，母亲亦给予他更多的尊重与自由，母子感情甚好。因此，此次《地藏经》和《弥陀要解》的课程，李叔同一节都没有落下。静权法师在讲解《地藏经》之时，将佛学的孝道与中国传统的孝道进行了联系，强调了孝道在修持佛法中的重要性。讲到此处，只听到底下有人哽咽涕泣，在场之人无

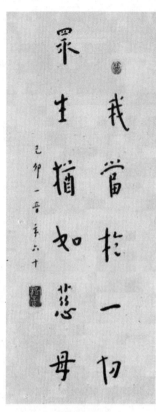

李叔同的慈悲情怀

不惊愕，静权法师也好奇是何等人在此伤心落泪，因此不敢再讲下去。亦幻法师回忆道："后来我才知道滚热的泪水是他追念母爱的天性流露，并不是什么人在触犯他伤心。因为确实感动极了，当时他就写了一张座右铭：'内不见有我，则我无能；外不见有人，则人无过。一味痴呆，深自惭愧；劣智慢心，痛自改革。'附上的按语是：'庚午十月居金仙，侍静权法师讲席，听《地藏菩萨本愿经》，深自悲痛惭愧，誓改过自新，敬书灵峰法训，以铭座右。'"可见，李叔同当时情绪失控主要是被地藏王菩萨因地的孝心所感动，同时也联想到了自己的母亲。尽管如此，他对此次失控行为多少有些懊恼，因此写下座右铭来提醒自己不可执着于我相、人相等，痛下决心改正。虽说如此，李叔同的真性情还是感染了亦幻法师，他通过李叔同的悲痛心情也联想到了自己的老母亲。他自己说："我平生硬性怕俗累，对于母亲从不关心，迨至受到这种感动，始稍稍注意她的暮年生活。中间我还曾替亡师月祥上人抚慰了一次他的八十岁茕独无依、晚景萧条到极点的老母。弘师对我做过这样浩大的公德，他从没有知道。"亦幻法师作为出家人，以了断为主，害怕沾染过多的亲情从而和母亲保持距离，但李叔同的这种举动，深深地感染了他，唤起了他内心深处那个温情的地方，使他不仅关照了母亲，还将这种反哺之情推至到没有任何血缘关系的八十岁老人那里，给予了她极大的温暖与安慰。这也许是李叔同与一般出家人不同之处，他严肃的外表下有一颗火热滚烫的内心。

有一天，李叔同在谈笑中说到刘质平、夏丏尊等人为他生日放生的事情，并回味无穷，感觉很有意义。亦幻法师顺势而向他提出了一个请求，希望他在白湖期间能有所留念。李叔同想了想说："这样吧，趁这四众云集听经的机会，我们就在大殿里发个普贤行愿吧！"之后，他便拟了仪式单，请亦幻法师在住持席上搭起红祖衣领众，大殿的两边站着两百位佛弟子，静安长老担任维那，静权法师、炳瑞长老为班首，李叔同则站在亦幻法师背后的拜凳上，跟着他顶礼。这让亦幻法师非常紧张和羞赧，他自觉自己过于年轻，还没有资格担任这样重要的事务。礼拜完毕，僧众们集体午餐，大家似乎还沉浸在刚才那种肃穆的场景中，因此连空气都变得严肃了。几乎没有人说话，有的只是互相合掌敬礼。在这样的场合下，大家都没有什么胃口吃饭，因此剩下了不少菜，这次聚餐被亦幻法师称作"寂寞的午餐"。这样浪费的场面让生活俭朴的李叔同实在看不过去，他责怪了亦幻法师，觉得他不能这样铺张。亦幻法师有些委屈，想向他解释："你不知道一般和尚的习惯，是做过功课必定要吃的！"但他并没有说出来，而是保持了沉默。

在白湖期间，李叔同除了听经、研经，还在小范围内传授律宗的教义。讲授五戒十善、三皈依。虽说听众只有五人，但李叔同还是很认真地准备。其间，通过亦幻法师的引介，当地一位名叫胡维铨的年轻人前来拜访李叔同，在第一次见到李叔同之时，他便深深地被吸引，后来写下了《见了弘一法师》一文刊登在《现代僧伽》上。李叔同见了文章之后，为他改名为宅梵，并解释说："生天终须堕落，唯学佛方能超越三界。"并教导他要努力精进修行，勤念佛号，懂得惜福。由于胡宅梵对白话解经非常感兴趣，李叔同劝他注解《地藏经》。胡宅梵觉得自己没有修证佛法，不敢去妄加解释。李叔同鼓励他，让他先按字面意思解释，他自己会把关。在李叔同的鼓励之下，胡宅梵开始了解经的历程，其间，李叔同作为助缘，赠送他《地藏经科注》一部，《演孝疏》一册，供其参考。在李叔同的保驾护航之下，胡宅梵果真完成了《地藏菩萨本愿经白话解》。李叔同非常高兴，并为之写了序言和题目。李叔同与胡宅梵的相识相知到共同完成一部解经之作，不得不说是缘分使然。作为一位没有多少阅历，亦无证得佛智之人的胡宅梵，却给佛教界留下了一部白话解经的经典之作。《地藏菩萨本愿经白话解》对普及《地藏经》的核心要义有相当大的促进作用。这正如亦幻法师回忆所说："胡宅梵居士的《地藏经本愿经白话解》就在弘一法师的指导下编写成书的。我想天下必定有许多如我之逆子，会被这部通俗注解感化转来，对于劬劳的母亲孝敬备至。"由此可见，这部著作，无论从学理方面还是从社会责任方面都功德无量。通过这样的交往，胡宅梵和李叔同对彼此有了更加深入的了解，因此，胡宅梵请求做李叔同的弟子，李叔同欣然答应，并为他行了皈依礼，法号胜月。自此，李叔同以师父的身份，切身布置功课给胡宅梵，嘱咐他每日诵读《普贤行愿品》。胡宅梵很用功，因此深得李叔同的喜爱。平日里，李叔同经常婉拒拜访者，但是只有胡宅梵可以随时见到他并请教问题。李叔同曾对一位法师说："施主物不可受，唯胡居士之物可受。"从中可见师徒情谊之深。

时光如梭，转眼间已到了年底，静权法师结束了在白湖的讲经，金仙寺也进入了天寒地冻的季节，白湖上也结了厚厚的冰。李叔同本来身体羸弱，不堪严寒相逼，于是想要离开白湖，前往永嘉城下寮。临走之前，他给好友性愿法师写信说：

性老法师慈鉴：

顷诵惠书，忻悉一一。所云八月寄至法界寺之函，未经披诵（因春夏间拟返法界寺，其时当可披诵尊函），因中秋后，末学已出外云游矣。在金仙寺听经月余，近已圆满，拟于明日往温州度岁。承示法座驻锡云顶，至用欢忭。明岁当来厦亲近座下，以慰渴念。冯、蔡二居士属书之件，俟至温州后书写，付邮挂号寄奉。谨复，顺颂

慈安

末学演音稽首

十一月十六日

白湖岁月告一段落，在此期间，李叔同收获了对佛教更加深刻的理解，也完成了自己的佛学研究任务，并有了新的

徒弟,而且与亦幻法师有了更加深入的交往。可以说,这样的岁月总是令李叔同难忘的。

自一九三〇年以后,李叔同的身体越来越衰弱。他到永嘉庆福寺不久,又去了上虞法界寺,旅途的劳累让他体力不支,刚到法界寺就大病一场。此次病痛来势汹汹,李叔同意识到自己即将往生,于是他倒坦然念佛求生净土了。他还立好了遗嘱,强调自己往生之后,凡寄存法界寺的佛典及佛像,都赠送给徐安夫居士,其余的物品则交给法界寺的库房。正当他万缘放下,一心求生净土之时,或许得到了佛菩萨的加持,李叔同的情况得以逆转,病慢慢好了起来。其弟子蔡丏因在《戒殊苑一夕谈》中专门谈及李叔同此次生病的情形。李叔同告诉蔡丏因说:"予今春病虐,热如火焚,虔诵行愿品,遂觉清凉。维时一心生西,境界廓然,正不知有山河大地,有物我也。"又说,"此次至杭州虎跑,适元照法师示疾,余为助念佛号,净土相见,生西无疑。荼毗后得舍利三粒。"可见,此次病好之后以及为元照法师助念,使得李叔同对于生死有了深刻的认识,对佛法又有了进一步的体证,他改变了以往的律学路向而在佛前发愿:"捐弃有部,专学南山。随力弘扬,以赎昔年轻谤之罪。"同时他发弘誓愿重振律宗:

> 时维辛未二月十五日,本师释迦牟尼如来涅槃日。弟子演音,敬于佛前发弘誓愿,愿从今日,尽未来际,誓舍身命,拥护弘扬"南山律宗";愿以今生,尽此形寿,悉心竭诚,熟读穷研《南山疏钞》及《灵芝记》。精进不退,誓求贯通,编述《表记》,流传后代,冀以上报三宝深恩,下利华日僧众。弟子所修,一切功德,悉以回向,法界众生,同生极乐莲邦,速证无上正觉。

这样的誓愿并非一日就有,而是经过了长时间的积累与酝酿。最早的时候,徐蔚如居士在拜访李叔同时就提到过相关的问题:"自古至今,出家的法师们,讲经的多,讲律的少。尤其近几百年来，没有专门研究律学的，就是有也不彻底。因此，您出家后可以研究律学，把中国的律宗重振起来。"李叔同对此也有所考虑，至少他开始重视律宗。后来，他在《余宏律之因缘》中详细地介绍了他从关注"有部律"到转变为对南山三大部极度重视的过程：

> 是年阅藏，得见义净三藏所译《有部律》及《南海寄归内法传》，深为赞叹，谓较"旧律"为善。故《四分律戒相表记》……屡引义净之说，以纠正《南山》。其后自悟轻谤古德有所未可，遂涂抹之……以后虽未敢谤毁《南山》，但于《南山》三大部仍未用心穷研，故即专习《有部律》，两年之中，编有《有部犯相摘记》一卷，《自行抄》一卷……其时，徐蔚如居士创刻经处于天津，专刻"南山宗"律书。费资数万全，历时十余年，乃渐次完成。徐居士始闻余宗《有部》而轻《南山》，尝规劝之，以为吾国千余年来秉承《南山》一宗，今欲弘律，宜仍其旧贯，未可更张，余因是乃有兼学《南山》之意。尔后此意渐次增进，至辛未（1931）二月十五日……乃于佛前发愿，弃舍《有部》，专学《南山》，并随力弘扬，以赎昔年轻谤之罪……愿尽力专学南山律宗，弘扬赞叹，以赎往失。此余由"新律家"而变为"旧律家"之因缘，亦即余发愿弘《南山》之因缘也。

自此以后，李叔同开始潜心研究和弘扬南山律宗，着手编辑南山律三大部纲要表记。并在此后的岁月中，他精心研习，大力弘扬，努力修持，促使沉寂多年的南山律宗得以重现生机。而李叔同本人也被佛界尊称为振兴南山律宗的第十一代祖师。

不久，李叔同离开了法界寺，前往五磊寺。五磊寺位于五磊山顶，其住持栖莲法师和亦幻法师都希望在此道场兴办律学，因此请李叔同前来弘扬律宗教义。作为李叔同自己，他早就期待能有机会兴盛律宗事业，实现自己在佛前所

立宏愿。因而，对于此次机会，他是非常欣喜的。一到五磊寺，李叔同首先办起了南山律学院，又一次在佛前受戒发愿，准备利用三年时间在此地大力作为，尽最大努力宣讲南山律宗三大部。既然兴办学校就得一定的资金支持，五磊寺的两位法师前去托人募款，这一做法一开始并无不可，但也产生了负面作用，吊起了出家法师对于金钱的胃口，这令李叔同大为不满。随后，他很快离开五磊寺，准备前往闽南过冬，但时局恶化，诸位弟子和好友都为其安全担忧，极力劝阻他返回原地。五磊寺的两位法师听闻消息，亲自迎请李叔同回五磊寺继续兴办学院。李叔同内心也为计划的破灭而感到难过，此次回来后，他想做最后的努力，于是便与栖莲和尚签订了协议：

一、于五磊寺团结僧伽，恭请弘一法师演讲毗尼，不立律学院名目。

二、造出僧材之后，任彼等分方说法，建立道场，以弘法为宗旨。

三、暂结律团，在法师讲律期内，无有院长、院董名称。

四、大约纪念可以造出讲律僧材，随法师自为斟酌。

五、倘法师告假出外者，任法师自由。

六、一旦造出讲律僧材之后，任法师远往他方，随处自在，并与律学院一切事务脱离关系，不闻不问。

七、凡在学期内大小一切事务，总任法师设法布置，听师指挥，无不承顺。

八、凡在学期内，倘有与法师不如意之处，任法师随时自由辞职，绝不挽留。

九、以上所定各条件，完全处于栖莲本意，绝无法师意见；倘以后于以上条件有一件不能遵守时，任法师自由辞职，绝不挽留。

十、聘请律师二人，担保以上各条件，各不负约。

民国二十年十一月十九日五磊寺住持栖莲

见证人：亦幻　永睿

通过此份契约，李叔同幻想着这样就可以公事公办，办好律学院了。但这只是他的幻想而已，现实最终还是令他离开了五磊寺。

此次没能完成自己的夙愿，李叔同深感遗憾。他写信给亦幻法师说："我从出家以来，对于佛教向来没做过什么事。这回使我能有弘律的因缘，心头委实是很欢喜的。不料第一次便受了这样重的打击，一月来未能安睡，精神上受了很大的挫伤，看经念佛都无法进行。照这种情形，恐非静养一两年不可。"可见此事对李叔同的打击比较大，作为出家法师，为佛门效劳是他们最大的心愿。李叔同曾发过振兴南山律宗的宏愿，建立律学院也是他弘扬佛法的一项重要举措。这样的计划夭折了，他两年后谈到此事还心有遗憾："（五磊寺办学失败）以后有他寺数处，皆约余往办律院，因据以前之经验，知其困难，故未承诺。唯于宁波白衣寺门前存一南山律学院筹备处之招牌，余则允为造就教员二三人耳。以后即决定弘律办学，不立名目，不收经费，不集多众，不固定地址等。此次在本寺讲律，实可谓余弘律之第一步。……余业重福轻，断不肯再希望大规模之事业。唯冀诸师奋力兴起，肩荷南山一宗，广传世间，高树律幢，此则余所祝祷者矣。"李叔同离开五磊寺后又受到应镇海伏龙寺住持诚一法师的邀请，前往伏龙寺驻锡。在此期间，他亲手装订完成了《南山律学丛书》，之后，他又回到金仙寺讲授律学。亦幻法师为李叔同提供了良好的讲学环境，教室设在方丈大楼，只有几张方桌。李叔同每天只讲两三个小时的《四分律》，剩余的时间由学生自己消化。经过半个月的讲解，他又离开了白湖金仙寺，再次前往伏龙寺。亦幻法师将李叔同这十五天的讲经动机归纳为"还愿"，其原因即在于，李叔同第一次来白湖金仙寺之时由于时间太紧，没有尽心。另外，由于南山律学院没有办起来，这使他心里不安，过于内疚，总是希望用其他的方式来了却自己的心愿。但只讲了十五日，在亦幻法师看来，是与李叔同的身体有关，因为他本来就虚弱不堪，繁重的讲学任务会让他精力不济，以及他并未将世俗中的才子气质脱尽之缘故。

之后的一段时间里，李叔同同时在伏龙寺、金仙寺、法界寺三座寺院之间频繁奔波。学生刘质平心疼老师的身体，故在伏龙寺陪伴了一个多月。在此期间，李叔同创作了大量的书法作品，其中《佛说阿弥陀经》最为珍贵，是李叔同用了整整十六天写就的书法精品。之后，师徒二人又各自奔忙。李叔同去了法界寺。在法界寺，李叔同又一次病了，这次是伤寒，发烧至昏迷，过了几天才好。他写信给夏丏尊道："如此之重病，朽人已多年未患。今以五十之年而患此病，又深感病中起立做事之困难，故于此娑婆世界，已不再生贪恋之想，惟冀早生西方耳。九月十日以后，仁者或可返里。其时天气已渐凉爽。乞惠临法界寺，与住持预备商量临终助念及身后之事，至为感企。此次病剧之时，深悔未曾预备遗嘱。故犹未能一意求生西方，惟希病愈，良用自惭耳……"此次生病，让李叔同再一次意识到自己的肉身已经开始不可阻挡地败坏，因此他有了料理后事的心理准备。作为出家人，后事自然无法依靠亲人，只能依靠自己的弟子和朋友。因此，他给最得意的学生刘质平写信说，自己近年来老体衰弱，稍微一劳动就虚弱疲倦，他已经请夏丏尊十日后前来法界寺商量后事，准备好结束一生。同时，他在自己的遗嘱中嘱咐刘质平，待自己命终之后，不开追悼会，不做纪念之事，只需将《四分律比丘戒相表记》印两千册，其中的一千册送给佛学书局进行流通，五百册赠上海北四川路内山书店存贮，剩下五百册分别赠给同人。请刘质平筹集印资，作跋语，交给中华书局石印，此事便是对他一生最好的纪念。

夏丏尊接到信件后,得知李叔同病得很重,因此心急如焚,他立刻前往法界寺,端药递水,无微不至地照顾着李叔同。经过他的悉心照料,两个月后,李叔同的病完全康复了。通过此事,我们看到了夏丏尊的一片真情,他和李叔同之间是没有任何利益关系的纯粹的友谊。他一路以来都支持、包容、扶持着俗界的大才子李叔同,又尊重着、牵挂着、照顾着出家后的弘一法师。这段美好的友谊至今令人感动。

十四、南闽十年

南闽是李叔同最喜欢的地方,他一生中曾三次前来南闽,并在此地度尽余生。不得不说,南闽是李叔同的福地。一方面,这里的气候温润,适宜养身。李叔同曾说:"厦门气候四季如春,热带之奇花异草甚多,几不知世间尚有严寒风雪之苦矣。"另一方面,这里佛学底蕴深厚,弘律的氛围很好,有利于实现他的夙愿。李叔同此次来南闽妙释寺,住所是性愿法师让出的一间卧室。李叔同安定下来之后,应妙释寺住持的邀请,为众僧讲授了《净土法门大意》。在此,他告诫众僧:"修净土宗者,第一须发大菩提心……愿以一肩负担一切众生,代其受苦。"在发如此宏愿的前提下,才能与诸佛之大悲心相应。

年底,李叔同又做了《人生之最后》的演讲。这次演讲共分为七章:一、绪言;二、病重时;三、临终时;四、命终后一日;五、荐亡等事;六、劝请发起临终助念会;七、结语。对于此次演讲的缘起,李叔同说:"岁次壬申十二月,厦门妙释寺念佛会请余讲演,录写此稿。于时了识律师卧病不起,日夜愁苦。见此讲稿,悲欣交集,遂放下身心,摒弃医药,努力念佛。并扶病起,礼大悲忏,吭声唱诵,长跪经时,勇猛精进,超胜常人。见者闻者,无不为之惊喜赞叹,谓感动之力有如是剧且大耶!余因念此稿,虽仅数纸,而皆摘录古今嘉言及自所经验,乐简略者,或有所取。乃为治定,付刊流布焉。"

可见，了识法师的病痛往生对李叔同的触动是巨大的，他感受到了了识法师在无常病痛和生死面前的无力感和恐惧感。但令人欣慰的是，了识法师临往生之时有缘看到了李叔同写的《人生之最后》，这篇讲稿给予了他无量的安慰和鼓励。因此，他才能放下一切，勇猛念佛，从而往生净土。可见，这篇讲稿的重要性。多年修行的法师在死亡面前尚且恐惧害怕，那么芸芸众生更是惶恐不已了。死亡带走的不仅仅是生命本身，更是他们为之辛劳奔波所获得的一切东西。因此，能在死亡之时放下万缘，一心念佛的人少之又少。《人生之最后》有必要告诉他们人生的真相、死亡的真相，从而使他们在临终之时能够得到最大的安慰和关怀。在这当中，李叔同详细地介绍了如何去做的问题，并解释了其中的原因之所在。在演讲末尾，他总结道："残年将尽，不久即是腊月三十日，为一年最后。若未将钱财预备稳妥，则债主纷来，如何抵挡？吾人临命终时，乃是一生之腊月三十日，为一生之最后。若未将往生资粮预备稳妥，必致手忙脚乱呼爷叫娘，多生恶业一齐现前，如何摆脱？临终虽恃他人助念，诸事如法。但自己亦须平日修持，乃可临终自在。奉劝诸仁者，总要及早预备才好。"临终的做法只是应急之法，最重要的是平日多念佛，为往生积累足够的资粮，如此才可在临终之时不致手忙脚乱，从而安然西生。

正月初八，李叔同又为妙释寺做了《改过实验谈》的演讲。当时正值家家户户贴春联，人人穿新衣，口言恭贺新禧、新年大吉的时刻。李叔同认为，这里的"新"当然不是新春联、新衣服的"新"，而是"改过自新"的"新"。在这次演讲中，他总结了自己平生的改过经验，影响深远。他首先说明了改过的次第，即先读佛书儒书，详细知道善恶的区别和改过之法。之后，须常常自己省察自己的一言一行有没有恶，最后，觉知到自己做得不对的地方，那么就要奋力改正。具体的方法如下：一、虚心。这是改过的前提，只有在虚心接受自己有过错的前提下，才能端正态度。二、慎独。即不能在人所不知之处作恶,当想虽然人不知,但诸佛菩萨和鬼神会知道。三、宽厚。四、吃亏。五、寡言。六、不说人过。七、不文己过。八、不覆己过。若有做错之处,就发露忏悔,绝不掩饰。九、闻谤不辩。息谤最好的方法就是不辩。十、不嗔。嗔的危害很大,能开百万障门。通过详细的论述,李叔同又强调了佛力的作用,因为人都有各自的业障,因此,靠一己之力改过实属不易,但若佛菩萨加持,则业障消除,智慧明了,改过之事自然可以圆满。因此,诸人都要勤念佛号,求佛加被。李叔同在演讲中引经据典,多用诸家格言进行佐证,比如:"五十以学易,可以无大过矣。""我不识何等为君子,但看每事肯吃亏的便是;我不识何等为小人,但看每事好便宜的便是。""二十年治一怒字,尚未消磨得尽。",等等。

弘一法师晚年的身份证书

之后不久,李叔同做了一个梦,他梦到一位老人带着十多个人正席地而坐,唱着《华严经》。李叔同心生仰慕,请求坐在他们中间。得到准许后,他正准备入座之时,梦便醒了。梦醒之后,李叔同努力回忆了梦中的偈子,并将其记录书写下来,此偈如是说:

菩萨发意求菩提　　　非是无因无有缘
于佛法僧生静信　　　以是而生广大心
不欲五欲及王位　　　富饶自乐大名称
但为永灭众生苦　　　利益世间而发心
常欲利乐诸众生　　　庄严国土供养佛
受持正法修诸智　　　证菩提故而发心
深心信解常清净　　　恭敬尊重一切佛
于法及僧亦如是　　　至诚供养而发心
深信于佛及佛法　　　亦信弟子所行道
及信无上大菩提　　　菩萨以是初发心

因为做了这个梦,李叔同深感此梦是点化他进行律宗的弘法所设,因此,他便立即准备关于律学的课程。此后,他除了完成《四分律含注戒本讲义》,还先后在妙释寺和万寿岩开展了主题为"南山律苑"的讲座,文本依托主要有唐代道宣法师的"南山三大部"、宋代元照法师疏解道宣法师"南山三大部"而成的"灵山三部记"(《行事钞资持记》《羯磨疏齐缘记》《戒本疏行宗记》)。此次弘律吸取了五磊寺时的教训,他重新设定了规矩:"不立名目,不收经费,不集多众,不固定场所"等。并"甚愿得有精通律义之比丘五人出现,能令正法住于世间,则余之弘律责任即竟。故余于讲律时,不欲聚集多众,但欲得数人发弘律之大愿,肩荷南山之道统,以此为毕生之事业者,余将尽其绵力,誓舍身命,而启导之⋯⋯唯冀诸师奋力兴起,肩荷南山一宗,广传世间,高树律幢,此则余所祝祷者矣。"二月八日,李叔同带领曾听讲的主要成员性常法师、瑞今法师以及广洽法师等数十人,返回万寿岩,编写《随机羯磨》的讲义,为开讲"羯磨"做准备。在讲座的过程中,李叔同详细地解释了他自己选择律宗作为自己修行法门之本意,以及成长的经过。诸位听众皆被其感化,皆发愿过午不食。对此,李叔同曾给芝峰法师写信如是说:

芝峰法师座下:

惠书敬悉。此次讲律,听众甚盛。寄住寺中者六七人,皆自己发心过午不食。内有二人,患肺病甚剧,中一人正在呕血不止。卧床不起时,而立刻停止晚餐,不顾生命,尤令人感慨,现已讲《羯磨》,若欲深造,非有三五年之工夫专心研习不可。听众中有二三人誓愿甚坚固,或可发心专修也。近来终日忙碌,凡写字作文等事,皆悉从缓。草此奉复,顺颂。

禅安

演音和南

由此可见，李叔同当时的讲座是有一定的实际功效的。在此坚固道心和信心的推动下，李叔同亲自撰写了《学律发愿文》，与诸弟子共发四宏愿：

> 中华民国二十二年，岁次癸酉五月二十六日，即旧历五月初三日。恭值灵峰藕益大师圣诞。学律弟子等，敬于诸佛菩萨祖师之前，同发四宏愿矣；并别发四愿：一愿学律弟子等，生生世世，永为善友，互相提携，常不舍离。同学毗尼，同宣大法，绍隆僧种，普利众生；一愿弟子等学律及弘法之时，身心安宁，无诸魔障，境缘顺遂，资生充足；一愿当来建立南山律院，普集多众，广为弘传，不为名闻，不求利养；一愿发大菩提心，护持佛法，誓尽心力，宣传七百余年湮没不传之南山律教，流布世间。冀正法再兴，佛日重耀，并愿以此发宏誓愿，及以别发四愿功德，乃至当来学律一切功德，悉以回向法界众生。惟愿诸众生等，共发大心，速消业障，往生极乐，早证菩提！

律宗是唐代终南山道宣律师所立，其所依照的经典是《法华经》《涅槃经》，是戒律非常严明的宗派。因为其中的戒律众多，受戒何其不易，因此很少被出家人选择作为自己的修行法门。而且，自南宋之后，律宗面临着湮灭的危机。李叔同选择律宗，是他与过往生活决裂，痛下决心诚心忏悔的需要。在修行的过程中，随着对律宗逐渐深入的了解，他发起了要弘扬律宗的菩提道心，而这一纸发愿文，正是一纸宣誓，昭告法界和僧界，他及弟子弘扬律宗的决心之所在。

之后，李叔同应转物和尚的邀请，带领"南山律苑"的弟子们前往泉州开元寺尊胜院结夏安居。开元寺为泉州三大丛林寺庙之首，李叔同此次来此主要是为了宣讲律学。李叔同要求非常严格，对院内的纪律也进行了整顿，比如过午不食，不许闲谈，按时休息等等。李叔同为他们下榻的尊胜院作了一副长联，表达了他弘扬律宗的决心。联语为"南山律教，已七百年湮没无闻，所幸遗编犹存海外；晋水僧园，有十数众弘传不绝，能令正法再住世间。"除夕之夜，李叔同在佛前为传贯法师和性常法师选讲了藕益大师的《祭颛愚大师爪发衣钵塔文》，之所以选择此文，其原因在于此文正契合李叔同内心深处的感受。李叔同除了讲学之外，他还专心圈点《南山钞记》，期间还写信给蔡丐因等人，请他们寄些颜料，以方便学律弟子们共同圈点。与此同时，李叔同还为诸弟子出些题目，让他们写些心得体会，然后由他来审阅。在这些弟子中，性常法师的文章深得李叔同喜欢，他每一篇心得体会都会有李叔同的批语。由此可见，李叔同对性常法师的期望之深厚。后来，人们为了纪念李叔同对于弘扬律宗的重大贡献，将尊胜院建成了弘一法师纪念馆。

一九三三年十月，李叔同在讲律之时外出散步，在泉州西门外的山路旁发现了一块刻有"唐学士韩偓墓道"七个隶书大字的石碑。这让李叔同对此块石碑产生了浓厚的兴趣，后来他又亲自考察了两次，并决定为韩偓辩诬，为其《香奁集》进行辨伪，这项工作进行了七八年之久。韩偓（842—923），晚唐五代人，字致光，号致尧。陕西万年县（西安市长安区）人。他不仅是一名诗人，也是一位政治家。其为人正直、忠烈，才华横溢，被尊为"一代诗宗"。学界一直认为其代表作《香奁集》正是他仕途顺意之作，因此多绮丽浓艳之句。晚年仕途坎坷，多次被贬，内心苦闷，诗作多

弘一法师纪念馆

为忧国忧民、憎恨战争之作。李叔同敬畏韩偓之人格，因此，他在兴趣的推动之下，嘱咐弟子高文显编写《韩偓评传》，并亲自撰写《香奁集》辨伪一章。他的做法，主要目的是向世人分析、判断《香奁集》并非韩偓所作，而是他人假托韩偓写就的。高文显在《弘一大师的生平》一文中写道："当癸酉年小春的时候，他曾坐车经过南安西门外，在那潘山的路旁，矗立着晚唐诗人韩偓的墓道。他看到了，惊喜欲狂，对这位忠烈的爱国诗人，便十分注意起来。""过了一年后，他搜集了许多的参考资料给我，嘱我为诗人编一部传记。我经过两三年的搜集，便于去年把传记完成。不幸于沪上战事起时，开明总厂被焚，而正在排校的稿件，也毁于战火了。"从中我们可见李叔同对此著作的重视程度。一九三三年十月，李叔同还写信给在上海的弟子蔡丏因，托他为高文显代购《韩内翰别集》，以方便他查阅资料。不仅如此，李叔同还亲自为高文显查找资料，他在惠安松洋纲发现了一首韩偓七律，特别兴奋，为此专门写了一首诗：

微茫烟水碧云间，挂杖南来度远山；冠履莫教
侵紫阁，衲衣且上傍禅关。青邱有路秦岭茂，故国
无阶麦黍繁；午夜钟声闻北阙，六龙绕殿几时攀？

虽然写好的传记毁于战火，但李叔同不断地鼓励高文显，让他重新开始。其后，经过师徒二人的不断努力，高文显终于又将《韩偓评传》重新完成，更名为《韩偓》，并于一九八四年由台北新文丰公司出版。当然，从佛学的立场来看，李叔同是需要批判和摒弃《香奁集》中的淫靡之风的，从而为世人树立端正的价值观。不仅如此，他也要彰显韩偓的高贵人格和忠烈气节。李叔同和弟子关于韩偓及《香奁集》的辨伪考证且不论究竟是否符合历史事实，但确实是出于李叔同弘法的需要，也为世人树立正确的价值观和人生观有着积极的现实作用。

一九三三年十一月底，因时局不稳，持续了一年之久的"南山律苑"迫于压力而停止讲座。尽管如此，李叔同对于

此次系统的讲座非常满意。对此，他后来回忆道："许多学律的僧众，都能勇猛精进，一天到晚地用功，从没有空过的工夫；就是秩序方面也很好，大家啧啧称赞着。"世间没有恒常的东西，缘聚缘散都是常态，作为出家人的李叔同当然深谙这一道理，他也没有将这件事的结束过多地放在心上，而是开始了下一阶段的弘法工作。李叔同于当年腊月前往晋江草庵小住。此座草庵是现在世界上仅存的摩尼教遗迹。在此，李叔同为陪同他来草庵的传贯法师和专程从厦门赶来的性常法师讲解藕益大师的一篇祭文。第二天他又为诸弟子讲授了《四分律含注戒本疏》。这样讲经的日子总是愉快的，转眼间一个月过去了，李叔同在常惺、会泉法师的邀请之下，前往厦门普陀寺。离别总是让

福建晋江草庵寺

人伤感，在草庵的时光虽然短暂，但李叔同尽己所能留下了他的佛学智慧，这是对诸位弟子最大的鼓励。离开时，李叔同情不自禁地挥笔写下了一副门联：

草积不除，时觉眼前生意满；

庵门常掩，毋忘世上苦人多。

闽南佛学院设在厦门南普陀寺，太虚大师和常惺法师均任过住持。成立十年以来，学僧有数百人，影响力巨大，为全国佛学院之翘楚，从而吸引了大量的名师前来任教。但近年来，学风日益涣散，亟须整顿，这关系到了佛学院的存亡问题。为此，常惺法师想通过李叔同对于律宗的弘扬和践行，以及通过李叔同人格魅力的感召，使得闽南佛学院重获严明的纪律、良好的学风，重新回到以往的兴盛局面。愿望和理想总是那样的美好，但现实总是让人始料不及。待李叔同来到了厦门普陀寺，并准备整顿闽南佛学院的僧

人教育之时，他发现实际情况并不像他所料想的那样，正如他后来在《南闽十年之梦影》中记录的那样："民国二十三年二月，又回到南普陀。当时旧友大半散了；佛学院中的教职员和学僧，也没有一位认识的！我这一回到南普陀寺来，是准了常惺法师的约，来整顿僧教育的。后来我观察情形，觉得因缘还没有成熟，要想整顿，一时也无从着手，所以就作罢了。此后并没有到闽南佛学院去。"

　　既然无法整顿佛学院，李叔同想自己创办一个教育机构，并取名为"佛教养正院"，这个名字来源于《周易》蒙卦中的"蒙以养正"。李叔同为此付出了很多心血。他事无巨细，将创办养正院所需要的一切资料准备齐全，并聘请瑞今法师为主任，广洽法师为监学，高文显为讲师，自己为训育老师。养正院成立以后，由于李叔同的声望和学识，吸引了不少学子前来就读。但也有一部分人曲解了李叔同的善意，他们认为这是和闽南佛学院作对。不管世人如何看待，李叔同并不在乎，他在乎的是通过另起的这个教育机构，能够实施他的教育理念和计划，从而为弘扬律宗贡献一己之力。其他的，都是琐事，不足挂齿。事实的确如此，自从养正院开学以来，其严明的纪律、积极向上的学风都极大地超越了闽南佛学院。李叔同对于青年佛教徒的要求很严格，他注重的不仅仅是对佛理的理解和掌握，更多的是对佛子品德的要求和修养。为此，他为佛子们布置了一些功课，即专门读一些高僧的传记和言录，期望通过这一方法使得佛子们见贤思齐，修养自身。他对佛子们说："我近来省察自己，觉得自己越弄越不像了！所以我要常常研究这一类的书。希望我的品行道德，一天高尚一天。希望能够改过迁善，做个好人。又因为我想做一个好人，同时我也希望诸位都做好人！"可见他对阅读善书，修养善心的重视程度。不仅如此，李叔同也严格要求自己，以身作则教化弟子，坚持每日一餐，一餐一菜的生活。

　　除了为养正院教课之外，李叔同还校对了《随机羯磨疏跋》，赞赏了天津的徐蔚如校刊之功德："天津刻经处徐蔚如居士，曾披诸本参互考订，以丽藏为主，而参用他本之长，并据《南山业疏及灵芝记》以为指归，历时年余，乃成此册。正古本之歧误，便初学之诵习，宏护律教，功在万世。居士校刊诸书近两千卷，当以此册为最湛，而扶衰救弊之功亦最伟大。"可见李叔同对徐蔚如所做工作之肯定，对其艰苦卓绝的精神之敬佩。同年七月，李叔同根据敦煌写本《随机羯磨》与徐蔚如的刊本对校，写出了《四分律随机羯磨题记》，用行动来实现自己"誓愿尽未来际，舍诸身命，竭其心力，广布弘传"的弘律之大愿。同年八月份，李叔同见到了明末清初见月律师自传体的著作，内容大多为修行度生方面的事，这正是李叔同所喜爱的类型。他如获至宝，废寝忘食地读完，在此期间，曾多次为其中的事迹感动流泪。多次阅读之后，他依然意犹未尽，便自作主张，为其加了眉注，画出图表等。过了一个月，他又为其专门编撰了《见月律师年谱》，并作序言："师一生接人行事，皆威胜于恩。或有疑其严厉太过，不近人情者。然末世善知识多无刚骨，同流合污，犹谓权巧方便，慈悲顺俗，以自文饰。此书所述师之言行，正是对症良药也。儒者云：'闻伯夷之风者，顽夫廉，懦夫有立志。'余于师亦云然。"见月律师的行迹让李叔同感动鼓舞，亦给予其在弘律道路上以巨大的能量，因此，李叔同对法师念念不忘，计划着第二年要亲自拜见见月律师的灵骨塔。

一九三七年，李叔同决定离开闽南，佛学养正院也解散了。临行之时，李叔同为青年佛子们又做了一次名为《南闽十年之梦影》的演讲，回顾了自己在闽南的十年，尤其对自己的修为方面做出了省察和鉴定。他说：

　　我在这十年之中，虽说在闽南做了些事情，成功的却很少很少，残缺破碎的居其大半。我常常自我反省，觉得自己的德行实在十分欠缺。因此，近来我自己起了一个名字，叫做"二一老人"。

　　什么叫"二一老人"呢？这有我自己的根据。

　　记得唐代大诗人白居易《除夜寄微之》中有一句是"一事无成百不堪"，留头去尾，我把它改为"一事无成人渐老"。这是"一老"。另外"一老"借用的是清代吴梅村临终绝句"一钱不值何消说"。这两句诗的开头一字都是个"一"字，所以我就用来作自己的名字，叫作"二一老人"。意思是，十年来我在闽南所做的事情并不完满，而我也不怎样去求它完满了。

　　诸位要晓得，我的性格是很特别的，我只希望我的事情失败。因为事情失败不完满，这才使我常常发大惭愧，大内疚，能够晓得自己的德行欠缺，自己的修养不足；才能督促我努力用功，努力改过迁善！一个人如果事情做完满了，固是好事，但也容易心满意足，洋洋得意，反而增长贡高我慢的念头，生出种种过失来。

李叔同通过对自我的剖析，用以身作则的姿态呈现出自己的弱点和缺点，也感染着座下的诸位青年佛子在修行过程中时时省察自己的起心动念，对自己有一个深刻的认识。不仅如此，他也对佛子们提出了自己的期望。他期望诸佛子能够深信诸佛菩萨的伟大力量，相信因果报应，同时还要明白出家人有着较高的地位，俗家人对出家人的道德要求也比较高，因此一定要将品行道德提升到俗家人之上，如此才配做一个出家佛子。如果出家人没有高尚的道德修养，那么就会被俗家人轻视。他举例说："记得我将要出家的时候，有一位住在北京的老朋友，写信来劝告我。你知道他劝告的是什么？他说：'听到你要不做人，要做僧去……'咳！我们听到了这话，该是怎样的痛心啊！他以为：做僧的都不是人。简直把僧不当人看了，你想这句话多么厉害呀！出家人何以不是人？为什么被人轻慢到这地步？我们都得自己反省一下。我想这原因都由于我们出家人做人太随便的缘故，才闹出这样的话柄来。"当然，出家人对自己品行严格要求的力量来自对诸佛菩萨坚定的信仰,他们坚信自己的所作所为诸佛菩萨都能看得到,因此有了有力的约束。

这篇演讲稿对后世影响极大,感动、鼓舞了后来者对于自我人格品德的不断要求和提升。最后一次在佛学养正院的演讲,除了《南闽十年之梦影》以外,他还为弟子们做了题为《关于写字的方法》和《最后之忏悔》的演讲(关于写字方面的论述,我们后文有专题进行阐述)。在《关于写字的方法》中,他怀着无比留恋和感慨的心情讲道:"于是使我联想到佛教养正院的情景:过去的时候,也曾经有很光荣的历史,像那些'一品红'一样,欣欣向荣,有无限的生机;可是现在,也有些衰败的气象了。养正院已经开办三年,这期间,自然有很多可纪念的史迹。可是观察其未来,我很替它悲观,前途不堪设想。……这一次,也许可以说是我在南普陀寺为佛教养正院所做的最后一次演讲了……"李叔同对于佛教养正院是有感情的,但迫于时代所赋予的无奈处境,只能在动乱中解散养正院。这符合佛法中诸行无常的道理,也是李叔同所明了的,只是从情感上来讲,自己付出极大心血辛苦建立起来的佛学教育机构就这样缘尽,多少是有些不舍的。佛学养正院尽管存在时间较短,但从客观上来说,其确实完成了李叔同弘律的部分心愿,同时也培养了一大批青年佛学人才,他们散布在全国各地,为律宗的兴盛贡献着自己的力量。在《最后之忏悔》中,他用的是自由交流的方式。据一位旁听的学生陈祥耀回忆:"……法师眼见养正院的僧徒们,由幼小而长大,抚驹策骥,不禁感乎生于畴昔,追思以往,抚念将来,并自检讨当时的生活……"李叔同是这样检讨自己的:"我常自己来想:啊! 我是一个禽兽吗? 好像不是,因为我还是一个人身;我的天良丧尽了吗? 好像还没有,因为我尚有一线天良,常常想念起自己的过失。我从小孩子起,一直到现在,都在埋头造恶吗? 好像也不是,因为我小孩子的时候,常行袁了凡的功过格;三十岁以后,很注意于修养;初出家时,也不是没有道心。虽然如此,但出家以后，一直到现在，便大不相同了。因为出家以后二十年之中，一天比一天堕落：身体虽然不是禽兽，而心则与禽兽差不多；天良虽然没有完全丧尽，但是昏聩糊涂，一天比一天厉害，抑或与天良丧尽也差不多了！讲到埋头造恶的一句话，我自从出家以后，恶念一天比一天增加，善念一天比一天退失。"李叔同通过对自己的剖析进而忏悔，为其他的僧徒们做一个自我发现过失、忏悔过失、修正过失的榜样。最后，他用龚自珍的诗句结束了这次演讲：

> 未济终焉心缥缈，
>
> 万事都从缺陷好；
>
> 吟到夕阳山外山，
>
> 古今谁免余情绕？

李叔同之所以引用龚自珍的诗词，表明他对自己虽已出家但仍有世俗余情的困扰，这是他今后需要不断地克服和努力的方向。当时在场的陈祥耀，后来在《纪念晚晴老人》一文中说："'才子中年多学道'，定盦岂不又告诉我们这句很可玩味的话么？但是负才使气的定盦，究竟和我们从早就倾心收敛的老人殊其途辙，我们的老人，结果完成他修道的德业，定盦只合走完他诗人的途路，老人的身心得着永远的和平，得着永远的安息，定盦却不免于要永远地陷在矛盾和悔恨中，使我们只合对老人有敬爱而对定盦有同情。因此由我们的俗眼看来，高僧才子，原同是多情气类，至他们的不同的归向，学佛的可以说这是他们的所'觉'的高下，我呢，只能说这也是他们的'性'的不同了。"于此，陈祥耀表达出了自己对龚自珍的惋惜和对李叔同的欣慰。在他看来，龚、李二人同为才子，同为向佛之人，但结局却完全不同。其根本原因在于，龚自珍只是热爱佛学，应用佛学，从而建构自己救国救民之理论，但并未以了脱生死为佛学旨归而努力修行，因此依然摆脱不了命运的束缚和生死轮回的痛苦。同为才子的李叔同却很早就认清了这一点，他明白唯有实际的修持佛法才可摆脱生死轮回之苦。因此，他毅然放弃曾经所有的荣华富贵，投身佛门，与青灯古佛做伴，以弘扬律宗为己任，在不断的修行中，他的内心得到了不断净化和升华，他从容不迫地面对世间的无常和死亡。这就是二人区别之所在。由此可见，佛学与学佛是两个不同的路径。龚自珍是晚清以来面对外族入侵，知识分子应用佛学的典范人物，但他并没有真正地修行；李叔同则以实际行动践行佛教的戒律，普度众生，弘扬佛法，才是真正的学佛。

十五、病卧草庵

一九三五年，李叔同在广洽法师的护送下，前往惠安县的净峰山道场弘扬佛法。惠安县是泉州东北处的一个小县城，此地古刹云集，但以净峰寺最为有名。李叔同来到惠安之后，对此处的环境极为欢喜，他对广洽法师说："余今年已五十有六，老病缠绵，衰颓日甚。久拟入山，谢绝人事，因缘不具，卒未如愿。今岁来净峰，见其峰峦苍古，颇适幽居，将终老于是矣。"后来，他给夏丏尊写信说：

丏尊居士道鉴：

久未致讯，至念。上月徙居山中，距邮政代办所八里，投信未便，故诸友处悉无音问也。兹拟向佛学书局请经，附一笺乞转送，并（乞由晚晴会施）洋三十圆附递，费神，至感。山乡风俗淳古，男业木、土、石工，女任耕田、挑担。男四十岁以上多有辫发者。女子装束更古，岂惟清初，或是千数百年来之遗风耳。余居此间，有如世外桃源，深自庆喜。开明出版拙书《华严集联》及《李息翁法书》，乞各寄下三册，以结善缘，感谢无尽。惠书，乞寄厦门转惠安县东门外黄坑铺港仔街回春号药店刘清辉居士转交净峰寺弘一收。

演音疏

可见，此地民风淳朴，环境清幽，犹如世外桃源，远离了尘世的喧嚣,这正是李叔同所喜欢的。但更为重要的是,李叔同在此实现了他普度众生的宏愿,这令他满足和欣慰。由此可见,李叔同本性喜清静,因此这种世外桃源之地,最合适他不过了。来到净峰寺之后,李叔同的主要任务就是在世间度生。李叔同自来惠安弘法十七次,听众近千人,为四十二人证授皈依,三十七人证授五戒。先后为信徒讲解了《华严经普贤行愿品》《四分律戒本疏行宗记》《地藏九华山示迹大意》《藕益大师事迹》等。在此期间,他还点校了《含注戒本疏》和《行宗记》。同时,撰写了《四分律含注戒本科》《菩萨戒受随纲要表》等。不仅如此,李叔同还写了许多书法作品赠送各处。将佛法的种子播撒各处,这让李叔同深感欣慰,虽然肉体劳累,但内心充实祥和。净峰山下有一位基督教徒,名叫庄连福,是小学的校长。他听说李叔同到来的消息之后,非常迫切地想要见见这位德高望重的老法师,就基督教和佛教之间的关系进行探讨。但遗憾的是,庄连福被李叔同的随行传贯法师挡了下来,理由是庄连福是一名基督徒,而李叔同则是佛教徒,不同的宗教最好不要相见。庄连福不甘心,他详细地给传贯法师解释了两个宗教的共同之处,都是教人行善,都是救度众生,因此有相通之处。尽管如此,他依然没有如愿。听了传贯法师阻拦庄连福拜访的事情之后,李叔同批评了他,并嘱咐他务必下山给庄连福道歉。传贯法师只好长跪在庄连福上课的教室外面,恰好被其看到。于是,他走出来扶起了传贯法师,并请他去办公室喝茶。传贯法师不肯去,说:"小僧传贯,是奉师父之命特来向你们赔罪道歉的,怎么还能让你们接待呢?"说罢,从怀里取出李叔同送给庄连福的《华严经》和四幅单条书法。李叔同对不同宗教的宽容和慈悲,令庄

净峰寺

连福无比感动。之后几天，他带了几位道友一起上山聆听李叔同讲法。好多年过去了，庄连福依然记得听讲时的情景，他深情地回忆道：

> 弘一大师缓慢而沉着地走到佛像前，虔诚地点上三炷香，并且整齐地插在香炉里。转过身来，对满室听众仅作微笑而已，甚为凝重，然后才坐在一把方形的禅椅上，面向听众，非常肃穆和蔼。他的座前架着一个小竹屏，屏上放着经书，距他的眼睛一尺有余。一开讲，大师目不转睛，聚精会神，用普通话讲述（传贯法师站在旁边翻译），吐字清晰，论点鲜明，论证有序，非常有说服力。听众都听得入神，全场鸦雀无声，静到连根针掉地上的声音都能听见。尽管听众中有个别想咳嗽的，也都忍耐着，或者悄悄地到门外去，不敢打扰这宁静的气氛。

可见，李叔同讲经的水平是非常高的，也是极具吸引力的。

在《惠安弘法日记》中，李叔同详细记载了他的弘法事项："二十一日上午为一人证受皈依。下午乘马，行二十里，到许山头东堡，寓许连木童子宅。二十二日，在瑞集岩演讲。二十三日、二十四日，在许童子宅讲演，并为二十人证受皈依及五戒。二十五日上午，到后尾，寓刘清辉居士菜堂，下午讲演。二十六日上午，到胡乡，寓胡碧莲居士菜堂，下午开讲《阿弥陀经》。二十八日讲经竟，为十七人证受皈依及五戒。二十九日上午，到谢贝，寓黄成德居士菜堂，三十日讲演。十二月初一日上午，到惠安城，寓李氏别墅，今为某小学校。初二日，到如是讲堂讲演，听众百人。"可见其忙碌至此。

连日的奔波辛劳使得李叔同原本不够强壮的肉身又发生了状况，得了风湿性溃疡的病。一开始他并未在意，所以一直拖延治疗，待到年底之时，实在无法承受病痛的折磨，才于一九三六年初回到草庵。

李叔同在草庵发起了高烧，很快陷入昏迷。病情也一天天恶化，本来前臂溃疡化脓，后又发展到上臂，最后脚和腿都肿胀，眼看着人就不行了。但七八天后，他又慢慢缓了过来，伴随着高热消退，神志也逐渐清醒了。此时，李叔同并无挂碍，唯有念佛往生净土。同时也向传贯法师立下了遗嘱：

> 命终前请在布帐外助念佛号，但亦不必常常念。命终后勿动身体，锁门历八小时。八小时后，万不可擦身体及洗面，即以随身所着之衣外裹破夹被，卷好后，送往楼后之山四中，历三日有虎食则善；否则，三日后即就地焚化，焚化后再通知他位，万不可早通知。余之命终前后，诸事极为简单，必须依行，否则是逆子也。

李叔同此次情况极为凶险，他也抱了大病求死的心，立下遗嘱，嘱咐传贯法师在他往生之后力行超度之法，并不可挂念，不可动身体、洗换衣物等，这在佛教的超度法门中是极为重要的事宜。如果在往生者刚往生之时便不舍、哭泣、搬动身体等，就会使亡者心生不舍，扰乱其之神识，从而障碍往生极乐，甚至有可能坠入恶道。尽管李叔同对自己的后事做了严密的规划，但他身边的人都不忍他就此离去，因而精进诵经，为他祈福，盼其能早日康复。与此同时，厦门佛教养正院的一些学僧也为他念佛、念忏、祈福。也许是众僧的合心合力感动了佛菩萨，李叔同竟然再一次慢慢好转，待其能下床后，广洽法师便带他前往厦门就医。来到厦门后，李叔同住在南普陀寺，他深情地告白诸弟子："这次得病后，幸赖仁等诵经忏悔，消灾祛难，才得以起死回生，重来厦门与诸位见面。实在感谢无尽！感谢无尽！"对于此次大病，蔡吉堂、吴丹明在《弘一法师在厦门》一文中记述："一九三五年四月至一九三六年，弘一法师曾二度赴惠安大弘佛法。惠安乡村环境卫生较差，法师左手臂皮肤生湿疹甚剧，返厦居南普陀寺。经我介绍黄丙丁博士为之治疗，见效甚速。他曾函曾词源居士称'宿疾已愈十之八，再迟一月，或可痊愈，因系慢性症，不可求速效也。仁者如晤蔡吉堂居士时，乞为询病愈后，如何酬谢黄博士，便中示知不宣。'后来黄丙丁博士婉谢了弘一法师的酬谢。法师即做《大藏经》木箱，外镌黄博士施助字样，并手书《心经》和墨宝数件赠黄博士。……"从中可知，此次厦门就医，蔡吉堂居士邀请了黄丙丁医生为李叔同治疗。黄医生作为留日医学博士，医术高超、视野开阔，他为李叔同用药物、注射、电疗等多种手法进行治疗，效果明显，但只收取了些许医药费。对此，李叔同心里过意不去，便为黄医生手书《心经》一卷，字幅数件，以示感谢。

除了治病外，李叔同依然没有停下弘法的脚步，依然为弘扬律宗的事业贡献着自己的力量。待病愈之后，李叔同并没有懈怠，而是继续笔耕不辍。他搜寻资料，编写了《南山年谱》。手书《药师如来本愿功德经》，为传贯法师的亡母进行超度，并作跋："岁次丙子五月，敬书是经，回向瑞集传贯法师亡母龚许柳女居士。愿彼业障消除，往生极乐，早成佛道，普利众生。温陵资寿寺沙门月音。"为已故好友金咨甫手书《金刚经》一卷，题记为："岁次丙子三月二十一日敬书，四月初八日书讫。以此功德，回向亡友金咨甫梦畴居士。愿彼业障消除，往生极乐世界，早证无上菩提，普度一切众生，沙门演音弘一并记。"并作《奇僧法空禅师传》。与此同时，他还托朋友和学生，请他们从日本名古屋其中堂书店购买律宗典籍。除此之外，编纂《佛学丛刊》是他工作的重中之重，通过编纂此书，他可以将佛法普及到社会和民间，这是他普度众生，弘扬律宗的一项举措。

在研究和弘扬律宗的同时，李叔同也不忘对净土宗的研修。他在鼓浪屿念佛会上嘱咐大家要多读印光法师的嘉言录，反复玩味，从而了知净土精义。在此期间，闽南佛学院有位明鋆法师，向李叔同请教关于净土宗的一些问题，尤其是如何入门。李叔同回答说："净土宗有两种：一是专修，一是兼修。专修者，如印光老法师所教，诵阿弥陀经外，唯念一句阿弥陀佛，念至一心不乱，乃至开悟得通，此专修法门也。我亦非常赞喜。兼修者，如前诸祖师，都提倡禅净，或密净，或教净等双修，俱无不可。此是随众生根机而定，不能局限于一处的。至于学法相宗者，也可回向往生西方，见弥勒菩萨。如《普贤行愿品》中所说：'惟此愿王，不相舍离，于一切时，引导其前，一刹那中，即得往生极乐世界。到已即见阿弥陀佛，文殊师利菩萨，普贤菩萨，观自在菩萨，弥勒菩萨等。'就是这个意思。不过我所修持的，以《普贤行愿品》为主，以此功德回向往生西方，可以说是教净双修了。正因为这样，经律论三藏，都是我所欢喜研读的。"如此来看，李叔同虽然主修律宗，严持戒律，但另一方面，他也兼修净土宗，以往生净土为旨归。通过较多的资料显示，李叔同在净土宗方面的造诣也是非常高的。

十六、会见郁达夫

郁达夫是我国现代著名的文学家，生于一八九六年，逝于一九四五年，浙江富阳人。郁达夫才情敏捷，风流倜傥，多情浪漫，但也有着极强的爱国心。为了抗日救国，他不仅进行文学创作，同时也开展各项抗日救亡活动，最终客死他乡。一九五二年，中华人民共和国中央人民政府追认郁达夫为革命烈士。

郁达夫早期的作品倾向于散文和杂文创作，通过这样的文学形式，表达了他从日本回来后对祖国山河破落沉沦的痛心和失望。在创作中期，由于国民党的白色恐怖，严重影响了他的自由挥洒，促使他以隐居山林的方式回避政治，所写的作品也都远离政治。到了后期，郁达夫又以饱满的热情参与到抗日宣传工作中去，写下了许多政论性的文章，鼓舞士气，为救亡贡献一己之力。实际上，无论在创作的哪个阶段，郁达夫的作品都散发着淡淡的悲伤气息。

郁达夫像

作为同一时代之人，郁达夫对李叔同是非常敬仰的。他在《记广洽法师》一文中曾说："现在中国的法师，严守戒律，注意于'行'，就是注意于'律'的和尚，从我所认识的许多出家人中间算起来，总要推弘一大师为第一。"崇拜之情溢于言表，但他一直没有机会见到心中的大师。一九三六年年底，郁达夫来到南普陀寺游览，终于在广洽法师的帮助下得以见面。郁达夫非常激动，并用诗表达了自己当时的情感：

> 丁丑春日，偕广洽法师等访高僧弘一于日光岩下，蒙赠《佛法导论》诸书，归福州后续成长句却寄：

> 不似西泠遇骆丞，南来有意访高僧。远公说法无多语，六祖真传只一灯。学士清平弹别调，道宗宏议薄飞升。中年亦具逃禅意，两事何周割未能。

虽然郁达夫对李叔同早就钦慕不已，但当见面之时，李叔同对郁达夫并未有多少了解，可以说，是有些陌生。这是有些原因的。他们之前并未有交集，虽同为艺术界的著名人士，但当郁达夫在文坛享有盛名之时，李叔同早已出家。因此，这次相会略显尴尬，除了陌生之外，还与李叔同淡薄人情世故有很大的关系。陪同郁达夫拜见李叔同的赵家欣曾撰文记述了这次会见："达夫对弘一法师（李叔同）这位曾经是艺术才能出众的前辈倾慕已久，见面时，弘一大师对他的名字却很生疏。达夫于一九一三年赴日，李叔同一九一八年出家，当他开始写小说，蜚声文坛时，李叔同已是脱离凡尘的出家人了。他对郁达夫一无所知，拱手致意，略事寒暄，赠与佛书，也就告退了。"从这段话可以感受到，二人的见面并非和谐，一方面是由于过于生疏；另一方面是李叔同自出家之后更加不喜应酬，所谓"道不同不相为谋"，大概就是如此。尽管如此，郁达夫从李叔同那里还是得到了某种能量，临走之前广洽法师为其饯行，他挥笔写下了李叔同的法语："我见他人死，我心热如火，不是热他人，看看轮到我。"这幅题词一直被广洽法师所珍藏,体现了郁达夫深受李叔同佛学思想的影响,从而对生死无常亦有所感悟。至此之后,两人亦有书信往来。一九三八年年底,郁达夫应胡兆祥的邀请前往新加坡担任《星洲日报》副刊编辑。自此期间,他们之间的通信都通过已经抵达龙山寺的广洽法师转交,如李叔同给广洽法师的信中这样写道:"惠书诵悉。……朽人现住山顶寺中,方便闭关。……郁居士函已收到,至用感谢!乞代为致候。"不仅如此,抗日战争爆发后,郁达夫亦为李叔同在各地弘法创造条件,通过关系为其争取了通行便利。

十七、念佛不忘救国

抗日战争全面爆发之后,李叔同到处奔波,为更多的人宣讲佛法。一方面弘扬佛法精要,可以使人们崇信佛法;另一方面,佛法对于无常的解释、生死的看法,也可以慰藉深处悲苦恐慌状态当中的广大民众之内心,因此意义重大。一九三八年初,他从泉州出发,开始了第二次在民间度化众生的教化活动。他在承天寺为善男信女们讲解了《普贤行愿品》,其所呈现出来的安详、平静、洒脱的精神风貌极大地鼓舞了内心慌乱的信徒,给予了他们极大的精神力量。当时有位听众叫陈祥耀,他后来还原了当时的感受:"是庄严?是慈悲?是亲切?是和善?什么是佛化静修深养的境界?什么是艺术陶情适性的功夫?什么是真机?什么是化境?什么是悠然澄远的表现?我从法师身上找到了些什么呢?我找到了这些。"

三月下旬,李叔同又去了厦门,之后又到达漳州,吸引了许多文化界人士前来皈依。之后,他又去了晋江安海,多次集会,用通俗易懂的方式进行弘法,听众甚多,弘法效果极佳。十月下旬,李叔同返回泉州,继续普及佛法。前后经历了一年时间弘法的李叔同如此辛劳奔波,是因为他对自己留在世间的时间不多而产生了担忧,希望在有生之年能够多做些弘法的工作。其间，他在给丰子恺等人的信中反复说："今年所以特往闽南各地，随分随力弘扬佛法者，因余在闽南居住，今已十年，深蒙闽南诸淄素善友爱护。迩来老态渐增，不久即往生极乐。故于此数月之内，勉力弘法，以报答闽南诸善友之厚恩耳。"

李叔同虽为出家之人，但也深爱祖国，他对马路中间有人吹日本国歌口哨这样的事情深感不满，也时常表达了他对时局的担忧。厦门市政府要在中山公园举行全市第一届运动会，请李叔同撰写大会会歌。出家之前的李叔同在曲艺、书法、篆刻、文学、戏剧等领域都享有盛名，其才华是有目共睹的，但出家之后的李叔同早已摒弃了这些俗世的技艺，只保留了书法。此次被邀请写歌，李叔同从内心深处没有抗拒，因为他意识到在民族危亡面前，适当地使用他所擅长的技能为抗日做点贡献是最好不过的事情了。回想起那次在路边听到那人吹日本国歌口哨如此嚣张，李叔同内心似乎被唤起了一种激愤之感，他立即写出了如下的歌词：

> 禾山苍苍，鹭水荡荡，国旗遍飘扬！
>
> 健儿身手，各献所长，大家图自强。
>
> 你看那，外来敌，多么狼狈！
>
> 请大家想想，请大家想想，切勿再彷徨。
>
> 请大家，在领袖领导之下，把国事担当。
>
> 到那时，饮黄龙，为民族争光；
>
> 到那时，饮黄龙，为民族争光！

这首歌词，慷慨激昂，虽说并没有佛教的元素在其中，但处处都在鼓舞民众，为抗日救亡而担当，为民族争光，充分彰显了一位佛教法师对于祖国的热爱，对入侵外族的痛恨和对广大民众奋力救亡的期望。由此来看，这首歌词正充分体现了李叔同在践行他"念佛不忘救国"的思想信念。

除了撰写这首歌以外，李叔同还风尘仆仆地前往青岛湛山寺弘法。去湛山寺之前，李叔同就已经约法三章：不为人师；不开欢迎会；不登报宣传。尽管如此，湛山寺并未依照他的意愿行事，而是安排部署，准备隆重地迎接李叔同。李叔同对此已有所觉察，便悄悄改了班次，提前去了青岛。此次湛山寺之行随从不少，行李亦不少。接待李叔同等人的火头僧后来专门撰写了一篇题为《弘一法师在湛山》的文章，详细记录了李叔同的湛山之行：

不大工夫，飞驰般的几辆汽车，鸣都地开到近前；车住了，车门开处，首先下来的，是满面笑容的倓虚法师。接着下来的，是一位面孔生疏的僧人，大家的目光一齐聚焦到他的身上。只见那人细长的身材，穿着身半旧的夏布衣裤，外罩夏布海青，脚是光着，只穿着草鞋，虽然这时天气还很冷，但他并无一点畏寒的样子。他苍白而瘦长的面部，虽然两颊颌下满生着短须，但掩不住他那清秀神气和慈悲和蔼的优雅姿态。他，我们虽然没有见过，但无疑地就是大名鼎鼎誉满中外，我们所最敬仰和要欢迎的弘一法师了。

弘师道影

他老很客气很安详，不肯先走，满面带着笑和倓虚法师谦让，结果还是他老先走。这时我们大众由倓虚法师的一声招呼，便一齐向他问讯合掌致敬。他老在急忙带笑还礼的当儿，便步履轻快地同着倓虚法师走过去。这时我们大众同众多男女居士，也蜂拥般集中在客堂的阶下，来向他老行欢迎式的最敬礼（顶礼），他老仍是很客气地急忙还礼，口里连说着："不敢当，不敢当，哈哈，劳烦你们诸位。"

他们携带的衣单也显得很多，柳条箱、木桶、铺盖卷、网篮、提箱，还有条装着小半下东西拿麻绳扎着口的破旧麻袋，一个尺来见方叩盒式的旧竹篓，许多件杂在一起，在客堂门口堆起一大堆。这时我问梦参法师："哪件是弘老的衣单？"他指指那条旧麻袋和那小竹篓，笑着说："那就是，其余全是别人的。"我很诧异，怎么凭他鼎鼎大名的一代法师——也可以说一代祖师——他的衣单怎会这样简单朴素呢？噢，我明白了，他所以能鼎鼎大名到处有人恭敬的原因，大概也就在此吧！不，也得算原因之一了。

通过火头僧的记载，加深了我们对李叔同的了解。他就是那样一位不愿意为别人添麻烦，凡事喜欢亲力亲为，不喜欢排场，处处苦行的长者，这样修苦行的高僧大德之德行至今是我们学习的榜样。正如火头僧所说的那样，这也是为什么有那么多人恭敬他的原因之所在。

湛山寺的住持倓虚法师知道李叔同过午不食，为了招待好他，每天中午按时给他房间送饭，有时四个菜，有时两个菜，但发现李叔同并不"领情"，一点也没吃。后来他才知道，李叔同嫌他为自己准备的饭菜过于精细丰盛，担心倓虚法师给自己开小灶。后来，倓虚法师就给他送一碗大众菜，他听闻其他人和自己吃一样的饭菜之后，才安心地吃下去。

有一天，阳光明媚，火头僧看到李叔同将两双鞋子放在太阳下晒，那两双鞋子都已经破旧不堪，打满了补丁。还有一天，趁李叔同外出之时，火头僧偷偷溜进了他的寮房，看到里面的摆设实在太简陋了，桌子、书橱、床、椅子，另外还有一些经书和墨盒之类。床上仅铺一被单，枕头是用衣服折成的，如此而已。尽管简单，但在火头僧看来却有着"清洁、沉寂，地板光滑，窗子玻璃明亮——全是他老亲自收拾——使人感到一种不可言喻的清静和肃穆。"可见，李叔同对于物质享受是严守戒律的，一丝一毫融通的可能性都没有，对于名闻利养更是视为粪土。况且他此次之行，心思全在弘扬律宗之上，因此还没有休息几日，便为湛山寺的各位出家弟子做了题为《律己》的演讲，他语气沉着平静，缓缓道来：

> 学戒律的须要"律己"，不要"律人"。有些人学了戒律，便专门拿来"律人"，这就错了。记得我

年小的时候住在天津,整天指东画西地说人家的不对。那时我还有位老表哥,一天,用手指指我说:"你先说说你自个。"这是句北方土话,意思就是"首先律己",不要光说别人。这句话直到现在我还记得,真使我感激万分。大约喜欢"律人"的,总是看着人家的不对,看不见自己的不对。北方还有一句土话是"老鸦飞到猪身上",只看见人家黑,不看见自己黑,其实它俩是一样黑。

还有,人们都为遭到诽谤而苦恼,总想出来解释解释、分辩分辩。其实是不必要的。何以息谤呢? 两个字:"无辩。"人要是遭到诽谤,千万不要"辩",因为你越辩,谤反弄得越深。譬如一张白纸,忽然误染了一点墨水,这时候你不要再动它,它不会再向四周溅污。假如你立即想要它干净,一个劲地去揩拭,那么结果这墨水一定会展拓面积,接连沾污一大片的。

在李叔同看来,"律己"是其他戒律的基础,戒律是对自己的要求,而不是对别人的要求。李叔同的律己并非停留在文字上,而是处处体现在实际生活的一点一滴当中。比如,李叔同不吃菜心、冬笋、香菇,因为在他看来,这些菜虽然是素菜,但都是比较贵的素菜,对于他来说,这违反了他的戒律,因此绝不能违背。又如,自从出家以来,李叔同一直秉持着"过午不食,寒不逾三衣"的苦行生活准则,数十年不变。若有好的东西,他都转赠他人,自己用最破最烂的那个。在李叔同五十寿辰之时,刘质平看到老师蚊帐上有许多破洞,有的是布补的,有的是用纸糊的,看到这一幕,刘质平于心不忍,倍感心疼,他提出来要为老师重新换一顶,但李叔同坚决不肯,他说:"这些东西,即使有破烂的地方,用针线缝缝,仍同新的一样。"这世间万物,在李叔同的眼中并无差别,因此没有不好的东西。虽然,对自己有着极为严格的要求,但对别人,李叔同却用宽厚来对待,不会责备他人,更不会用戒律的标尺来衡量他人。这正如李叔同所讲的，如果用戒律去"律人"，而不是去"律己"，那么就失去了戒律的意义。

　　此次湛山寺之行，李叔同依然以律宗为主要课程，他讲了《随机羯磨》《四分戒本》两部著作，并努力将深奥难懂的律宗解释得通俗易懂。由于李叔同对事情一贯极为认真，因此，虽然他研究律学已经有二十余年，但还是要用七个小时来准备讲义。倓虚法师在《影尘回忆录》中有这样的记述："他给学生上课时，首讲《随机羯磨》，……《随机羯磨》是唐道宣律师删订的，文字很古老。他有自己编的《别录》作辅助，按笔记去研究，并不很难。上课不坐讲堂正位，都是在讲堂一旁，另外设一桌子，这大概是他自谦，觉得自己不堪

青岛湛山寺

为人讲师吧。……因他气力不好，讲课时只讲半个钟头，像唱戏道白一样，一句废词没有。余下的时间，都是写笔记，只要把笔记抄下来，扼要的地方说一说，这一堂课就全接受了。《随机羯磨》头十几堂课，是他自己讲的，以后因为气力不佳，由他的学生仁开代座。有讲不通的地方去问他，另外他给写笔记。《随机羯磨》讲完，又接讲《四分戒本》。"可见，李叔同不是个拖沓的人，他讲课说话都简洁扼要，从未有半句废话。其做事也极为认真，由于原有的讲本过于艰涩难懂，他不辞辛劳，自己重新编写，通俗易懂，这是真正的弘法者。一切都以听者为重，以他们接受佛法的程度为重，而非以显示自己的学问之高深为重。李叔同所讲的东西都是最有价值的，但遗憾的是，一直以来，他都深受不够健康的肉身之束缚，无法自由自在地去做自己想做的事情。这

次讲课依然如此，后半部分交由自己的弟子接着讲解，而他自己则无力继续进行下去。

李叔同的伟大人格使得他走到哪里都成为众人极力想要亲近的人，虽然他极力回避交际，但有时还是无可奈何。李叔同最反感和政界的人交谈，但这一次他却非常乐意地接见了一位曾经的军政要人——离开政界后致力于慈善事业的朱子桥。经过倓虚法师的介绍，李叔同对此人非常认同，并同意单独接见。陪同朱子桥前来拜访的还有青岛市市长沈鸿烈，他想通过朱子桥的关系也见一见李叔同。听过朱子桥的说明以后，李叔同告诉他，让其转告市长自己已经休息。沈鸿烈等政要准备在湛山寺宴请朱子桥，朱子桥想请李叔同一起参加，沈鸿烈听后也很高兴，便写了知单，请倓虚法师递给李叔同，李叔同看后没有任何表示。第二天宴请即将开始时，监院带回来李叔同留下来的一张字条，上面写着："昨日曾将今日期，出门倚杖又思维。为僧只合居山谷，国土宴中甚不宜。"可见，李叔同对于权力之人的排斥程度之强烈。当然，这也是有原因的，李叔同曾经对传贯法师说过这样的话："余平生对于官人及大有名称之人，并不敢共其热闹亲好。怕堕名利养故，又防于外人讥我趋名利也。"

同年七月十三日，抗日的战火燃烧各处，佛寺也不得安宁。有人劝李叔同注意防范日寇，出去避难，李叔同却不为所动。本来，他准备中秋节离开湛山寺，可如今战火在胶州半岛大肆蔓延，他反倒觉得不能离开。此时，他已经做好了为国"殉难"和为佛法"殉教"的决心。他创作了书法作品"殉教"，并为其作了大段题记：

> 曩居南闽净峰，不避乡匪之难；今居东齐湛山，复值倭寇之警。为护佛门而舍身命，大义所在，何可辞耶？于时岁次丁丑旧七月十三日，出家首末二十载，沙门演音，年五十八。

七月二十一日，由于战争形势的变化，青岛暂无战事，李叔同写信给蔡丏因：

丏因居士道席：

惠书诵悉。青岛或可无战事，惟商民甚苦耳。朽人此次居湛山，前已约定至中秋节止（中秋以前不能食言他往，人将讥为畏葸）。节后如有轮船往沪者甚善，否则须乘火车至浦口，转沪杭。若有战事，火车不通，惟有仍居青岛耳。承询所需，至为感谢。俟他日若有需用者，当以奉闻。谨复，不备。

演音启

七月廿一日

可见，李叔同想要离开青岛前往上海，只是考虑到中秋之前不能食言，因此选择中秋之后行动，但若青岛发生战事，交通不便，只能暂时居住青岛。后来，李叔同愿望得以实现，离开青岛之前，他为湛山寺的每一位僧人都书写了"以戒为师"，还写了《华严经》集联和藕益大师的警训，共百幅。同时，为迎接他的梦参法师，用上等的玉版宣纸书写了四十多面的《华严经净行品》。其字庄严肃穆，是留给世人宝贵的书法作品。离开湛山寺之前，李叔同给倓虚法师一张字条，上面写着他离开时的五点期许，即：1. 不许预备盘川钱；2. 不许备斋饯行；3. 不许派人去送；4. 不许规定或询问何时再来；5. 不许走后彼此再通信。倓虚法师在接待李叔同的时候曾经食言，大搞排场已经让李叔同不悦，此次离别之时，他了解李叔同的脾气，因而尊重他的要求。临走之前，湛山寺的佛弟子们都依依不舍，纷纷请求李叔同开示。李叔同说："这次我去了，恐怕再也不能来了。现在我给诸位说几句最恳切、最能了生死的话——"他停顿了一下接着说，"就是一句'南—无—阿—弥—陀—佛'！"他希望诸位弟子能够一心念佛，以了脱生死、上求下化为主要任务。

待李叔同安全着陆上海后，夏丏尊亲自前往他的下榻之处拜访。这次拜访的情形，夏丏尊一直镌刻在脑海中，后来写成《怀晚晴老人》一文，记述了他们相见的场景，至今令人读之感怀:"他去年春间从厦门往青岛湛山寺讲律,原约中秋后返厦门。'八一三'以后不多久,我接到他的信,说要回上海来再到厦门去。那时上海正是炮火喧天,炸弹如雨,青岛还很平静。我劝他暂住青岛,并报告他我个人损失和困顿的情形。他来信似乎非回厦门不可,叫我不必替他过虑。并且安慰我说:'湛山寺居僧近百人,每月食物至少需三百元,现在住持者不生忧虑,因依佛法自有灵感,不致绝粮也。'……他说三天后有船开厦门,在上海可住二日。第二天又去看他,那旅馆是一面靠近民国路,一面靠近外滩的,日本飞机正狂炸浦东和南市一带,在房间里坐着,每几分钟就要受震惊一次。我有些挡不住,他却镇静如常,只微动着嘴唇,这一定又在念佛了。"作为一名出家人,念佛本为其本分,但面对着"国破山河在"的局势,李叔同的内心是愤怒和痛苦的。他能做的,就是他自己所说的"殉难"和"殉教",用一颗勇猛无畏的金刚之心来接受战火的洗礼,以为国人做出表率,给予国人抗战的力量。来到上海才两日,李叔同便乘船回到了厦门,驻锡万石岩。此时的厦门局势紧张,李叔同没有一丝一毫的退缩之心,规避之心,他唯有一颗与厦门共存亡的心。他给蔡丏因的信中如是写道:"朽人年来老态日增,不久即往生极乐。故于今春在泉州及惠安尽力弘扬佛法,近在漳州亦尔。……犹如夕阳,殷红绚彩,随即西沉。吾生亦尔,世寿将尽,聊作最后之纪念耳。"在另外一封信中,他说:"朽人近恒发愿,愿舍身护法(为壮烈之牺牲),不愿苟且偷安独善其身也。"可见,他是决定用生命来救国和护法的。僧睿在《弘一大师传略》中写道:"冬返厦,驻万岩,时厦战局紧张,各方劝师内避。师曰:'为护法故,不避炮弹。因自题室曰'殉教室'。"可见,其坚固的殉难和殉教之心。

一九三七年至九三八年间,李叔同在晋

晚晴老人道影

江草庵、泉州承天寺和开元寺等地，为四众弟子讲解《华严经大意》《华严经普贤行愿品》，并指导弟子们诵读此经回向众生，以令国泰民安。弟子们在李叔同的感召之下，都信心满满地准备努力诵经回向，为国家人民祈福。"国破山河在"，李叔同亲自经历了祖国的衰败和被

李叔同与友人合影照

侮辱，他内心是煎熬和痛苦的，为此，他曾流泪痛哭地说："吾人所吃的是中华之粟，所饮的是温陵之水，身为佛子，此时此刻，不能共纾国难于万一，为释迦如来张点体面，自揣不如一只狗子，狗子尚能为主守门，吾人却一无所用，而犹觍颜受食，能无愧于心乎！"从中，我们可以体会到李叔同想要救国的迫切心情，但无奈于救国方式之不得。后来，他终于找到了救国方法，那就是书写多幅，分赠各方的"念佛不忘救国，救国必须念佛"。同时附有跋语："佛者，觉也。觉了真理，乃能誓舍身命，牺牲一切，勇猛精进，救护国家。是故救国必须念佛。"这是通过佛的榜样力量，鼓舞国人在救国一事上能勇猛无畏，看破生死，全心投入，由此国家才有希望，从而充分体现出了一位老法师的爱国之心。作为一位长时期深入世间的法师，李叔同对身处这一历史时期的国家与民族的命运与前途表现出了深切的忧愁与关心，对民众悲惨的遭遇与困苦生活，他也一再彰显出了深沉的慈悲情怀。

由此来看，李叔同并非像一般人所认为的那样，他并不是只知吃斋念佛而不顾人间生死的僧人。在他的身上，既集中呈现了慈悲法师深沉的人文关怀，同时，传统文人士大夫的那种担当意识与仁爱精神也在他那里得到了很好的继承与弘扬。可见，中华优秀传统文化所积淀下来的人文精

神,尤其是佛教文化当中所注重的慈悲精神与济世情怀,在李叔同那里得到了比较完美的展现,这也是生活于二十一世纪的我们所不能轻易忽视的宝贵精神财富。

十八、在永春

一九三九年四月,李叔同前往永春县闭关。据史料记载,李叔同常住永春有五百七十七日,其中五百七十二日都在普济寺闭关修行,此为李叔同自出家以来驻锡时间最长的佛寺。永春位于福建泉州西北处,在古代被称作桃源。普济寺就身处其中,素有"桃源甲刹"之称。此寺庙香火兴旺,住持是性愿法师。李叔同此次前往亦是性愿法师所请,希望他能为众僧树立榜样,端正学风。李叔同生性淡泊,不喜喧闹,所以来到此地亦深感自在舒适。性愿法师推荐李叔同担任寺庙要职,李叔同婉拒了他的好意:"前闻常师面谈时,则云名誉首座。窃谓主席字义,常人将误解为住持。乞仍依前常师所云,用名誉首座之名为妥。虽后学之道德学问,皆无首座之资望。"可见,他依然坚守自己出家后所立

今日永春

"不当住持,不为他人剃度,不做依止师"等誓愿。他自己如是做,亦期望青年佛僧也能如是行事,他曾告诫年轻的芝峰法师说:"末学敬劝仁者,今后无论居住何处,总宜专力于学问及撰述之业。如若做方丈和尚职务者,甚多甚多。而优于学问,能继续虚大师,弘宣大法,以著述传布日本乃至欧美者,以末学所知所最信仰者,当以仁

者为第一人矣。末学于仁者钦佩既深，故敢掬诚奉劝。"可见，他将修行和研究之成就视为一位出家人最大的功业，而其他的都涉及名闻利养，于修行并无益处。他明确表达出自己并非以头衔来判断一位法师的地位，而是以修为、德行、学问为标准。李叔同的这种理念在佛教界是纯朴的，对于后世的僧众亦指明了努力的方向，并做出了表率。

四月，李叔同开始闭关，并为自己的居处书写了"闭门思过，依教观心"的门联；在大殿的左侧，是他写的"内不见有我则我无能；外不见有人则人无过。一味痴呆，深自惭愧，劣智漫心，痛自改革。录明藕益大师法语"；右侧则是"汝犹有好高务性之念头，未能放下而未肯与愚夫、愚妇自命。录印光法师法语"。以用于激励自己。同时，他还将自己闭关处命名为"十利律院"。在闭关期间，李叔同一鼓作气完成了《南山律在家备览略篇》《华严疏科分》《盗戒释相概略问答》《戒体章名相别考》等著述。同时，他还勘误了《华严玄谈会玄记》《弘教藏》等著作。将南山、灵芝对《盗戒戒相》的注解和诠释，编辑为《盗戒释相概略问答》一卷，并在卷后附有跋语："发心学律以来，忽忽二十一载。衰老日甚，学业未就，今撷取南山、灵芝撰述中诠释盗戒戒相少分之义，辑为《盗戒释相概略问答》一卷。义多阙略，未尽持犯之旨。后此庚续，当复何日？因录太贤、藕益大师遗偈，附于卷末。用自策励焉。岁集己卯残暑，沙门一音，居永春蓬峰。"可见，在闭关期间，李叔同在佛法方面成果颇丰。

九月二十日，正值李叔同六十大寿之时。丰子恺写信给师父：

弘一法师座下：

今日为法师六十寿辰，弟子敬绘《续护生画集》一册，计六十幅，于今日起草完竣，正在请师友批评删改。明日起用宣纸正式描绘，预计九月廿六日可以付邮寄奉。敬乞指教，并加题词，交李居士付印，先此奉禀。忆十余年前在江湾寓楼，得侍左右，欣逢寿辰。越六日为弟子生日，于楼下披霞娜（钢琴）旁皈依佛法，多蒙开示，情景憬然在目。

……

民国廿八年古历九月二十日

弟子丰婴行顶礼丰子恺用画作为师父庆寿，同时也希望师父能够给予画作进行指教，并为之题词。除了丰子恺的一片苦心之外，广洽法师亦努力为李叔同的六十大寿献上大礼。他当时在新加坡，巧遇徐悲鸿在新加坡举办个人画展，有此机缘，他请求徐悲鸿为师父作半身油画像，以纪念师父的寿辰。这幅油画就这样流传后世。油画先交送到了开元寺弘一法师纪念馆陈列，后来广洽法师托归国侨胞将之送往弘一法师纪念馆。

"文化大革命"之时，一位中学教员于待焚书画中发现了这幅画，自己秘密保存起来，后几经周折才使他交出此画作。由此过程之曲折，可见此画作之珍贵。徐悲鸿还为其作了题记："早岁识陈君师曾，闻知今弘一大师之为人，心窃慕之。顾我之所以慕师者，正从师今日视若敝屣之书之画也。悲鸿不佞，直至今日尚沉湎于色相之中，不能自拔。钝根之人，日以惑溺，愧于师书中启示，未能领悟。民国廿八年夏，广洽法师以纪念弘一法师诞辰，属为造像，欣然从命。就吾所能，竭吾驽钝，于师不知不觉之中，以答师之唯一因缘，良自庆幸。所愧即此自度微末之艺，尚未能以全力诣其极也。卅六年初秋，悲鸿重为补书于北平寓斋。"徐悲鸿和出家前的李叔同一样，在艺术界享有盛名，是才华横溢的艺术家。但不同的是，李叔同早就看透了世事，了知了内心所需，从而放下了世间名利，甘与青灯古佛相伴，此举轰动了当时的文艺界，一直被一些人所不解，又被另一些人所仰慕和赞叹。徐悲鸿与李叔同早有接触，他用

丰子恺晚年像

李叔同作为榜样来反观自己，李叔同早已脱离声色名相，而自己还沉溺在声色犬马中不能自拔，由此产生了惭愧之心。李叔同六十大寿在即，四众弟子募捐印刷李叔同的书法作品《金刚经》和《九华垂迹图赞》，同时，还征集诗词从而为其祝寿。《觉言》月刊、《佛学半月刊》等杂志都出了专版专刊祝贺寿辰。从各方的反应可见，李叔同人格之魅力和德行之感召。

虽然年岁已大，且广受信众和俗界亲友的爱戴，但李叔同对于自己生活标准的要求依然是最低的。为此，他给照顾他的林奉若专门写信叮嘱说：

奉若居士澄览：关于食物之事，略陈拙见如下，乞为转陈执务者为感。依律，食物亦名曰药。以其能调和四大，令获康健，俾能精进办道。但贪嗜甘美之物，律所深呵。常食昂价之品，尤为失福。故以廉价而适于卫生之物，最为合宜也。

豆类，含有蛋白质，为最重要之滋养品。但亦不能多食……

蔬菜之类，且就本寺现有者言之。菠薐菜为菜中之王，含有铁质及四种维生素，为滋养最良之品。

白萝卜，亦甚能滋补，红萝卜亦然。

白菜，亦甚佳。若芥菜，雪里蕻，则性稍燥，不可常食。

花生，含有油质，食之有益（但不可多食）……

近来本寺送于朽人之菜食，其中豆类太多，蔬菜太少，未能调和。故陈拙见，以备采择。

再者，前朽人云不愿食菜心及冬笋者，因其价昂而不食，非因齿力不足也。

李叔同在永春蓬壶的生活是极其俭朴的，他对生活条件从无要求，只要维持基本的生存状态即可，对于最基本的蔬菜，他都嫌昂贵。对比曾经锦衣玉食的生活，李叔同出家后的极俭极朴令人敬佩，他所追求的是精神上的富足和满足。

一九四〇年，李叔同离开永春蓬壶，前往南安洪濑镇灵应寺，这里居住着他曾经的弟子慧田。慧田是一位喜欢清静的和尚，他自己在一洞侧开辟了一块田地，自己种菜和居住。得知李叔同将要到来，他非常兴奋，立即前往灵应寺拜访法师。本来想请法师去自己的洞内小住，但转念一想，自己的生活条件过于艰苦，于是又改了主意，但李叔同却对他的生活环境产生了极大的兴趣。过了几日，李叔同果真去了慧田的云水洞内，他所看到的是更为艰苦的条件：茅屋、日用品及基本灶具就是洞内所有的家当。虽说慧田感觉非常不好意思，觉得委屈了法师，但李叔同却说："我们出家人，用的东西都是十方施主的，什么东西都要节俭爱惜。住的地方只要空气干净就好；用的东西只要可以用，不必什么精巧华丽。贵族化的精巧华丽，我们出家人是不应该有的，不然，要受人家批评。我住的地方也只求简洁清静而已，用不着高楼大厦。像这样的房子，我是住得惯的。"李叔同自己本是苦行僧，对物质没有任何需求，所以他和慧田在这一方面是志同道合的。听了李叔同的一席话，慧田法师也释然了，更加坚定了自己对抑制欲望，精进修行的决心。

李叔同在永春期间，与时任永春县图书馆馆长的王锦机居士交往密切。王居士写了《菜园诗文稿》。李叔同在卷首题偈："文以载道，岂惟辞华，内蕴真实，卓然名家，居士孝母，腾誉乡里。文章艺术，是其余技。'士应文艺以人传，不应人以文艺传'，至哉斯言，居士有焉。"同时，李叔同与王锦机经常书信往来，可谓志同道合，志趣相投。一九四〇年秋，李叔同即将离开永春之时，曾向王锦机说："出家以来二十余年，岁月虚度，无所成就，至用惭愧。此去决再闭关出第二次家，庶几补过于未来。"表达了自己对修行成就的不满和

李叔同与佛门中人合影

对岁月无情流逝的伤感。李叔同最后一次写信给王锦机是一九四二年，他向王居士阐明了自己的身体状况，并做了往西的准备："朽人尔来衰老益甚，何时能再入桃源，未可预定，至用歉然。"李叔同在永春的岁月是快乐而充实的，他不仅进一步实现了自己弘律的心愿，而且还将手头未完成的佛集典要陆续完成。看来，李叔同已经意识到自己年岁已大，时日不多，故而更加争分夺秒地与时间赛跑，以完成自己后半生的使命。

十九、悲欣交集

"悲欣交集"四个字是李叔同一生当中最后的书法作品，是他临终前三天所作，表达了他在往生之前的复杂心情。

一九四二年过后，李叔同的身体一日不如一日，他也意识到生命的临界点已经到来。在《佛说八大人觉经释要》的跋语中，他说：

> 衰老日盛，体倦神昏。勉力录此，芜杂无次，讹误不免。此稿未可刊布流传，惟由友人收存以留纪念可耳。"农历四月，他写信给黄福海，将自己还剩下的一些纸张送给黄。在信中他说："遗余素楮多纸，属作草稿时用之。当来集辑以遗返居士而为纪念。近将远行，无有草稿可书，乃节录印光法师嘉言十数则，以塞其责。书法极潦草，恶劣不堪，与寻常作草稿时，无以异也。居士曩所遗余素楮，似不止此。或存檀林书箧中，现在未能检寻，拟请居士以此余楮，惠施与余，不再偿还。衰老颓唐，希居士愍察，勿责备焉。

从他给黄福海所写的信中来看，李叔同已经预感到自己时日不多了，并有开始料理后事之意。

不仅如此，他在讲此部经之时亦因中途精力不济而交付他人。给弟子龚天发写信，作"最后之训言"：

胜信居士,与朽人同住一载。窃谓居士曾受
不邪淫、不饮酒戒,今后当尽力护持。若犯此戒,
非余之弟子也。余将西归矣,书此以为最后之训。

八月十六日,李叔同强打精神,在温陵养老院里做了一
次《净土法要》的讲座,可以说,这是李叔同弘法生涯中的最
后一次讲座。一周以后,李叔同开始发热,食量骤减,但他
并没有休息,而是还强撑病体为晋江中学的学生们书写百
余幅中堂,这样一来,也加剧了他的病情。八月二十八日下
午,李叔同自感即将往生,他写下遗嘱:

余于未命终前、临命终时、既命终后,皆托妙
莲法师一人负责,他人无论何人,皆不得干预。国
历十月七日弘一。

二十九日,他只召唤了妙莲法师,向他嘱咐了自己的遗
嘱和往生之初所要做的事宜,事无巨细:

一、在已停止说话及呼吸短促、或神志昏迷之
时,即须预备助念应需之物。

二、当助念之时,须先附耳通知云:"我来助
念。"然后助念,如未吉祥卧者,待改正吉祥卧后,
再行助念。助念时诵《普贤行愿品赞》,乃至"所有
十方世界中"等正文,末后再念"南无阿弥陀佛"十
声(不敲木鱼,大声缓念)。再唱回向偈"愿生西方
净土中",乃至"普利一切诸含识"。当在此诵经之
际,若见余眼中流泪,此乃"悲欣交集"所感,非是
他故,不可误会。

三、察窗门有未关妥者,关妥锁起。

四、入龛时如天气热者,待半日后即装龛,凉
则可待二三日装龛。不必穿好衣服,只穿旧短裤,
以遮下根即已。龛用养老院的,送承天寺焚化。

五、待七日后再封龛门,然后焚化。遗骸分为
两坛,一送承天寺普同塔,一送开元寺普同塔。在
未装龛以前,不须移动,仍随旧安卧床上。如已装

入龛，即须移居承天寺。去时将常用之小碗四个带去，填龛四脚，盛满以水，以免蚂蚁嗅味走上，致焚化时损害蚂蚁生命，应须谨慎。再则，既送化身窖后，汝须逐日将填龛脚小碗之水加满，为恐水干去，又引起蚂蚁嗅味上来故。

九月初一上午，弟子黄福海前来探望，李叔同强打精神，在曾经准备好的草稿基础之上为他写了一些藕益大师的开示警句，此为李叔同最后的教诲。黄福海看到师父病体虚弱，不忍多扰，便尽快离开，没想到此次见面竟成永别。黄福海走后，李叔同于当日下午六时许，艰难起身在为黄福海所准备的草稿背面，写下了"悲欣交集"四个字，左边注有"见观经"，"经"字下面画了一个圆圈，并于字幅右上角题字"九月一日下午六时写"，于右下角题字"初一日下午九时"。写罢之后便交给妙莲法师，"悲欣交集"四个字是他往生之前的内心写照，更是他一生书法生涯的最后作品，因而经常被后人注视、瞻仰。当时之人以及后来之人，对此四个字都有自己不同的理解。叶圣陶认为，"欣"就是：一辈子"好好地活"了，到如今"好好地死"了，欢喜满足，了无缺憾。陈慧剑说："'悲欣交集'是弘公当时临终的情境，是一种念佛见佛，一悲一喜的心情境界。不见佛的人，便不知道念佛也起悲心。"大空法师如是解释："大师之所谓'悲'者，悲众生之沉溺生死，悲婆婆之八苦交煎，悲世界之大劫未尽，悲法门之戒乘俱衰，悲有情之愚慢而难化，悲佛恩之深重而广大，总之为慈愍众生而起之'称性大悲'也。大师之所谓'欣'者何，欲求极乐，欣得往生，欣见弥陀而圆成佛道，欣生净土而化度十方。"如果是世俗之人，一般会从世俗的角度来揣测李叔同这四个字的含义，但对于一个修行的人来说，他一定能够深刻体会到法师当时的内心活动。修行人万缘放下，对"我"的执着减少，因此，大多不会

弘一法师最后的书法作品

因自己的一生而悲喜，更多的是为无量多的众生还迷沦苦海，不知解脱生死而悲，为自己即将西生，亲近弥陀而喜。

九月初三日，他又召唤妙莲法师，取出手书的《药师经》《格言别录》交给妙莲法师供养，同时托付他将自己写给夏丏尊、刘质平、丰子恺、沈彬翰、性愿法师等人的信分别寄至。他寄给这几位友人、学生的信，其内容是一样的，皆为：

> ××居士文席：朽人已于　月　日迁化。曾赋二偈，附录于后：君子之交，其淡如水。执象而求，咫尺千里。问余何适，廓尔亡言。华枝春满，天心月圆。谨达，不宣。
>
> 音启
>
> 前所记月日，系依农历，又白。

由此可见，李叔同早就对自己身后事做足了准备，只不过他不确定自己到底是哪日往生。

妙莲法师看到这些信，内心悲伤不已，但他依然要镇定，不能辜负法师的一片信任之情。李叔同看出了妙莲法师的不舍，安慰他说："朽人近年以来，精力衰颓，时有小疾，勉力维持到今日，得有机会做了些弘法之事。但此次真的要走了，我有预感。有些事已心有余而力不及，恐难圆满了。然，若欲圆满成就其业，必须早生极乐，见佛证果，回入娑婆，指顾间事耳。各人精修净土，以往生极乐为第一标的，其他所有之事，皆在其次。时节一到，撒手便行，决不因尘世间事，乃至弘法等事业，而生丝毫顾惜之心。经云'人命在呼吸间'，固不能逆料未来之事也。余与仁者情谊深厚，于仁者又有殷切之期望，故敢作最后之尽言。你我有缘，当来重入娑婆，定会再次聚首，同弘佛法。"可见，李叔同一方面表达了世间无常，生死无奈是常态，因而世间最大的事就是了脱生死，其他的事都是小事，教导妙莲法师好好修行；另一方面，表达了他为了救度众生，还会乘愿再来；最后，表达了他对妙莲法师的信任之情。乘愿再来这样的心愿，李叔同曾多次表达，叶青眼记述道："公之不舍众生，发愿重来,实不自近始。……公时谓余曰:'我今年六十,星者亦如是说,故我拟即谢绝一切,专修净业,以求往生。'言下意志坚决。余闻是言,私心郁悒,跪下请曰:'愿依华严经普贤行愿,请善知识莫入涅槃之义,求公久住世间,利益我等。'公曰:'汝有所不知,一手一足之力求上品上生,再来力量乃大耳。'"从中可见李叔同的大慈悲心之所在。第二天,妙莲看到法师的气息逐渐微弱,待法师吉祥卧之后,便按照遗嘱,开始一一处理临界时之事。他净念相续地为法师助念,诵经。在此过程中,他看到李叔同的眼角有泪珠滚落,这泪珠,代表了他一方面为自己即将往生西方,亲见弥陀而欢喜;另一方面又为众生尚未离苦得乐,了脱生死而悲伤。这泪珠,代表了李叔同对众生的慈悲之心,是其"悲欣交集"的典型写照。经过八个小时的助念之后,李叔同顺利往生西方。

第二日,四众弟子听闻消息,都从各处集合在晚晴室外,焚香礼拜。虽然他们都内心极为痛苦,但都没有哭泣,因为他们知道,哭泣对于往生之人并无好处,会使逝者产生留恋之情,从而阻碍他们西生。因此,他们都将悲伤的情绪克制在内心深处。

九月初六上午,温陵养老院将李叔同的灵龛,移往承天寺供奉。四众弟子口念六字大明咒为法师送行,场面感人且肃穆。这样的场面,被详细地记录在了蒋文泽《大师移龛概况》一文中:"大师灭后,诸弟子遵遗嘱,经十小时以上,再入其房巡视,见遗体如生。初六日十一时为师摄影,下午一时入龛。大师德化感人甚深,送龛者男女四众达千余人。自不二祠养老院经洲顶南大街转入打锡巷,经承天寺小巷,入承天化身窑。淄素各穿海青,竞来抬龛。路上仪式,纸幢一方,大书大师法衔,次幢幡

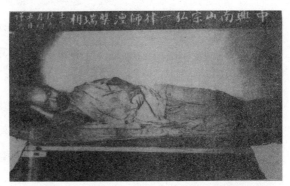

弘一法师涅槃瑞相

数对,再次即护送之各界及四众弟子。静默缓行,如丧考妣,不闻謦欬,惟六字洪名,异口同音,未尝中止。沿途观者,无不肃然起敬。"众人通过此种方式来感怀法师的高贵品格和弘化的恩德。

李叔同,一位由风流才子而转变为高僧大德的一代奇人,近百年来一直深受后人的关注和怀念。这不仅仅是因为他曾经在艺术领域填补了中国艺术界的多项空白,也因为他能够放下盛名和富贵,转向对生命最深处的不懈探索,在度化自己的同时,尽己最大的力量弘扬律宗,广度众生;更是因为,他的一生充满了传奇色彩,他的一生是一般人不可企及的丰富的一生。其德行,是众生所仰慕而向往的。综合其一生,学生丰子恺给予了中肯而全面的总结:

> 弘一大师俗姓李,名息,字书同,别名岸、哀公、息霜、婴等。于一八八〇年生于天津,曾留学日本,在东京美术学校毕业,归国后,任《太平洋报》等编辑、南京高等师范及浙江两级师范音乐美术教师。三十九岁在杭州虎跑寺削发为僧,法名演音,字弘一,别号甚多。六十三岁在福建泉州圆寂。大师在俗时,热爱文艺,精通美术、音乐、演剧、文学、书法、金石,为中国最早之话剧团春柳剧社之创办人,又为中国最早研究西洋绘画音乐者之一人。其中对书法,致力最多,从事最久:在俗时每日鸡鸣而起,执笔临池;出家后诸艺俱疏,独书法不废,手写经文,广结胜缘,若计幅数,无虑千万。出家后所作,刘质平君所藏独多,达数百件。今所集者,半属刘君所藏。在俗时所作,数亦甚多,但分散各处,兵火后不易征集……

另外,杜安人对李叔同总结道:

> 法师弘一,一代高僧。文章道德,博古通今。环肥燕瘦,书法尤精。荣华富贵,独享无心。空门修行,寒暑屡更。为民度苦,埋头著经。牺牲自我,

慈念众生。循循善诱，救世明星。我奉耶教，受感同深。福林一叙，欣赏良箴。念兹胜地，发扬嘉音。览游斯寺，必信必欣。超凡入圣，法寿隆亨。

李叔同的一生是传奇的一生，正如其弟子丰子恺所说："法师的一生，花样繁多：起初做公子哥儿，后来做文人，做美术家，做音乐家，做戏剧家，做编辑者，做书画家，做教师，做道家，最后做和尚。"如此多姿多彩，色彩斑斓的人生只有李叔同拥有过。斯人已逝，慈悲长留。

李叔同生西十余年后，广洽法师于一九五七年出版了《弘一大师纪念册》。在其中，他表达了自己对弘一法师的崇敬之情："鉴于星马一带，教界名宿及大师当时之及门弟子，不少为闽南之法系，以大师与闽南各地因缘若是之深切，何寂寂其无闻乎？况海外或有知李叔同先生其人而不知弘一大师其人者，引以为憾！衲忝列门下之末，岂敢诿辞其咎乎？故自知庸钝，而不敢不自策自励，以介绍大师生平之事略于南洋各界仁者读者之前也。"不仅如此，广洽法师兴建了新加坡弥陀学校。佛堂两旁的对联用的是李叔同的墨迹"演说甚深清凉法，令生无量欢喜心"。室内珍藏有李叔同手书《金刚经》的手迹，亦有"诸佛等慈父，人命如电光"等对联。不仅如此，广洽法师于一九六五年将徐悲鸿为李叔同所画油画像带回国内，赠送给泉州开元寺弘一大师纪念馆。一九七八年，广洽法师第二次回国后，得知丰子恺已经去世，他悲痛之余将未完成出版任务的《护生画集》

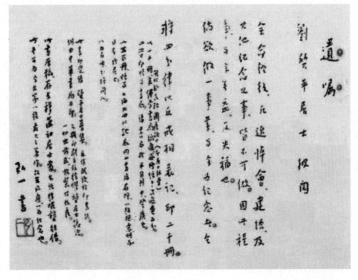

李叔同所立遗嘱

李叔同 评传

弘一法师像

携至星洲,将六册一整套出版,完成了丰子恺师徒的毕生心愿。广洽法师在第六集的序言中说:"(丰子恺——引者注)临难不渝,为常人所莫及。其尊师重道之精诚,更为近世所罕见。"画集"虽曰爝火微光,然亦足矣照千秋之暗室,呼声绵邈,冀可唤回人类苏醒之觉性。"一九八〇年,广洽法师在新加坡筹备了纪念弘一大师诞辰一百周年纪念大会,在大会的礼堂中央,端放着徐悲鸿为李叔同画的画像,并在画像两旁悬挂着李叔同当年送给他的《南山律苑题联》:

南山律教,已七百年湮没无闻,所幸遗编犹存海外;

晋水僧园,有十数众弘传不绝,能令正法再住世间。

大会上,广洽法师做了李叔同传奇一生的报告,并礼赞了李叔同的高尚德行和对佛教的贡献。从中可见,广洽法师对李叔同及其弟子的情深意切。

下编：书法评传

一、学书历程

李叔同的书法造诣极高，在书画界享有盛名。他的字以一九一八年为分水岭，可以分为俗界和僧界两个时期。总体而言，李叔同的书法博采众长，涉猎颇广，对秦篆、汉隶、魏碑、唐楷都曾狠下功夫，因此才能最终形成自己的书法体例与书写风格。从整体上来看，可以说，李叔同的书法之起点就是魏碑，在此基础之上，他最终成长为清末民初碑派书法的一位代表性人物。魏碑处于楷书的发展期，康有为认为魏碑表现出："笔势浑厚，意态跳宕，长短大小，各因其体，分行布白，自妙其致，寓变化于整齐之中，藏奇崛于方平之内"的特点，不仅有质朴之感，亦不缺乏趣味。康有为对于魏碑极度推崇，他曾说："唐人最讲结构，然向背往来伸缩之法，唐世之碑，孰能比《杨翚》《贾思伯》《张猛龙》也。"康有为认为，《张猛龙碑》将魏碑的各种特点集于一身。当然，李叔同本人也非常崇拜康有为，并曾公开表明康有为是自己的老师，因而他以魏碑作为自己书法的起点，与康有为的影响有着密切的关系。在魏碑作品中，又深受《张猛龙碑》的影响。用丰子恺的话来概括，就是："他的字，功夫尤深，早年学黄山谷，中年专研北碑，得力于《张猛龙碑》尤多。晚年写佛经，脱胎换骨，自成一家，轻描淡写，毫无烟火气。"叶圣陶则评价李叔同的字说："就全幅看，许多字是相互亲和的，好比一堂谦恭温良的

弘一法师像

君子，不亢不卑，和颜悦色，在那里从容论道。就一个字看，疏处不嫌其疏，密处不嫌其密，只觉得每一画都落在最适当的位置，移动一丝一毫不得。再就一笔一画看，无不教人起充实之感，立体之感。有时有点像小孩所写得那么天真，但一边是原始的，一边是纯熟的，这分别又显然可见。"不仅如此，当今书法大师启功对李叔同的书法成就评价亦很高："我敬李息翁，独行行最苦。秃笔作真书，淡静前无古。并世论英雄，谁堪踵其诚。"

幼时的李叔同，对书法等艺术形式便有着浓厚的兴趣。在很小的时候，他先学习白折小楷，尤其是对刘世安所临文徵明的《心经》临摹甚多，同时也临摹过《昨非录》。十五岁的时候开始学习篆书、隶书和中楷。据他自己回忆，那时候经常"每日写四字，每字写数十次。写时宜提笔悬肘"。从中可见，他对练字的一腔热血和不懈努力。后来，他拜赵幼梅、唐静岩等人为师，跟随他们学习书法，受益良多。李叔同在拜唐静岩为师学习书法期间，在篆、隶及篆刻等方面都得到了全面而又系统的训练。唐静岩教导弟子书法，从北碑入手，在秦汉书法中汲取养料。据李叔同的侄子李晋章在《致林子青书》中记载："先叔刻石，就学于唐静岩师，官讳玺记不清楚。学篆亦是唐师领导，此在十六七岁的事。藉知于金石之学，不足二十岁，即已深入，非凡人所及。"可见，唐静岩对李叔同书法的成就贡献良多，为李叔同的书法成就打下了坚实的基础。在此期间，李叔同准备了二十四素册，请唐静岩摹写钟鼎、篆隶、八分等各体，然后他为此册题签册名《唐静岩司马真迹》，署名"当湖李成蹊"，册后钤上自己所刻的"叔同过目"的刻章。唐先生看到这样的册子，非常高兴，遂挥笔写下跋语，记录下其产生的经过："李子叔同，好古主也，尤偏爱拙书。因出素册念四帧，嘱书钟鼎篆隶八分书，以作规模。情意殷殷，坚不容辞。余年来老病频增，精神渐减，加以酬应无暇，以致笔墨久荒。重以台命，遂偷闲为临一二帧，积日既久，始获蒇事。涂鸦之诮，不免贻笑方家耳。"后来，李叔同自己出资将此册子出版。不仅如此，李叔同还向徐耀廷学习。徐耀廷是李家桐达钱铺的账房先生，比李叔同长二十三岁，由于徐耀廷的兄长是天津著名的画家，在兄长的影响熏陶之下，徐耀廷在书画、篆刻方面很有造诣，颇有名气。李叔同与徐耀廷非常要好，据李载道先生在《徐耀廷与弘一大师之因缘》一文中写道："据徐耀廷后裔回忆，徐耀廷不仅继承了家学，而且继承了中华民族优良传统美德。他心地善良，有一颗乐善好施、慈悲为怀的心肠，他为人正直，做事认真，勤奋好学。徐耀廷和李叔同两个人相处日久，感情甚笃，无话不说。"一八九六年，徐耀廷为了李家的生意前往张垣，在此居住了四五个月的时间。因而，在这段时间里，李叔同针对自己在篆刻方面的兴趣，曾与徐耀廷多次通信请教。比如他在信中写道："柴文少送弟鸡心红图章一个，有此大小，刻'饮红楼'三字。皆仕灰地，而亦属不错。""弟昨又刻图章数块，外纸一片上印着，谨呈台阅，祈指正是盼。再有弟近日镌得篆书仿二篇，并呈台阅，亦祈指正是盼。"在这段时间里，李叔同和徐耀廷前后通信达十七封，表现了他们之间关系的密切，也表现出了李叔同对于金石书画的兴趣。在同徐耀廷的交往过程中，李叔同的书法篆刻水平亦得以极大的提升。除了拜赵幼梅、唐静岩、徐耀廷等人为师学习书法之外，李叔同还与严修、孟广慧等大家有着密切的交往，不可否认，这也对他书法的进步起到了推波助澜的作用。

严修，字范孙，进士出身，任职翰林院编修。此人思想开明，才高八斗，除了在政治上的成就之外，严修还开办了私塾，之后又创办多所学校。严

李叔同篆刻作品

修与李叔同在天津是世交,两人的父亲也交往甚密,志同道合,曾共同致力于慈善事业。严修曾说:"先父及李丈筱楼倡办备济社于'同光之交'。"可见严李两家关系之亲密。尽管如此,两人接触的机会并不多,但严修在政治上的诸多进步主张对李叔同还是产生了积极影响。严修在书法上亦有相当成就,李叔同也曾多次向其请教有关书法方面的问题。

孟广慧,字定生,此人出身富贵之家,自幼学习书法,擅长临摹,被誉为"津门临写南帖北碑第一好手"。他对各种书法体例的掌握都非常精到,其中,在汉隶书法方面取得了不可取代的成就,是清末民初的"四大书法家"之一。虽然孟广慧比李叔同大十三岁,但这种年龄差距并未成为他们之间正常交往的障碍。李叔同从青少年开始就与孟广慧交往甚密,深受其影响,他也像孟广慧那样追溯源头,在篆隶上狠下功夫,同时还能博采众长,对各种体例的书法都能了如指掌,无所不精。后来,李叔同前往上海之后,还与孟广慧保持联系。一九三六年的端阳节,孟广慧追忆他和李叔同"终年盘桓"的岁月时,写下了一首诗:"江南话别酒家春,开卷无言忆故人。记得心心相印处,雪泥鸿爪认前因。"同时还附有跋语:"光绪辛丑春日与叔同盘桓多日,其时叔同专攻治印之学,西泠印社初有规模。"从中我们得知,二人志同道合,感情颇深,互相钦慕。据李叔同仲兄桐冈的侄儿姚惜云回忆:"他(李叔同)具有艺术才华,能书善画。与当时社会名流,如金石家王襄(纶阁)、书法家孟广慧(定生)、华世奎(弻臣),画家马家桐(景含)、徐士珍(宝如)、李采繁,诗人王新铭(吟笙),印人王钊(雪民)诸贤,均有来往,终年盘桓,不耻下问,学与日增。但是个人见解,另有独到之处,所以他的诗、词、书、画、印刻无一不精。此外对古今金石、文玩、碑帖、字画之真赝,有鉴别能力,百无一失。"由此可见,在天津,李叔同的这些志同道合的朋友与他经常切磋互动,取长补短,这些交往对他的书法进步起到了极大的作用。除了这些志同道合的友人之外,李叔同还认识了一些官场之人，如天津直隶总督兼北洋大臣王文韶、荣禄等人，并得到了二人的赏识。可以说，在天津的岁月，李叔同的书法名气非常大。一些日本人很喜欢李叔同的字，"争以缣素嘱写，颇有应接不暇之势"。他曾写字赠送给神鹤吉、大野舍吉、大桥富藏、井上信夫、上冈岩太、冢崎饭五郎、稻垣几松等多位日本书法爱好者。其中，大桥富藏的书法造诣非常高，李叔同也向他要了几幅字。有一位千叶君，也居住在天津，他本人的书法水平也非常高，极负盛名，但他依然想通过赵幼梅得到李叔同的墨宝。后来，鉴于老师的请求，李叔同满足了这位日本友人的心愿，赠其对联一副。由此可见，李叔同早年同日本人交往也比较多，正因为这样的缘故，使得他的书法作品和名气得以远播海外。

清末民初的上海是文人墨客的云集之地，李叔同在此地与各位名家的交往交流，对其书法成就的取得起到了决定性的影响。一八九九年，李叔同在《中外日报》上发表了篆刻作品，同时还刊出了自己的艺术简介和润例：

当湖李叔同，少年博学，兼工篆、隶。成童游燕，荣仲华中堂、王夔石农部激赏其才，于书法尤为称羡，故名誉远播，诸巨公求书于门者，且络绎不绝。今岁年才弱冠，来游沪渎，诗酒余暇，雅欲与海内广结翰墨缘。爰缀润例如下：

书扇，五角；楹帖，一元。堂幅诸例，均详仿单。三日取件。

篆刻石章，每字二角半。

件交"便览报馆""游戏报馆""理文轩书庄""九华堂""锦云堂"代收。居法马路卜邻里第三弄。

李叔同在此的用意并非为了维生，从他的出身环境来看，他并非缺钱或者艰于生计，而是为了为自己宣传，从而"与海内广结翰墨缘"。

一九〇〇年，"天涯五友"会集其他志同道合之友，在上海福州路杨柳楼台旧址，成立了"上海书画公会"。这是上

李叔同所录温庭筠诗

海最早的画会之一，其目的在于以书法和绘画来会友，广结墨缘，从而积极推动书画创作。同时，它还有自己的会刊——《书画公会报》，李叔同任编辑。这一公会的成立，吸引了一大批上海界的文人墨客和上流人士，其中有革命僧人乌目山僧，书画家汤伯迟、朱梦庐等。李叔同在此环境的熏陶下，于诗词、书法、篆刻等方面都取得了极大的成就，在上海书画界、文学界享有盛名。在此盛名之下，李叔同书法方面篆书、隶书和小楷变化不大，但在大字楷书方面变化较大，虽然没有完全脱离北魏书法的基本格调，但因深受李瑞清的影响，其行书也掺杂了北碑笔法的因素。由于清代的阮元倡导"南帖北魏"，促使中国碑学兴盛，故而学习书法之人的启蒙课程往往都是从北碑开始的。大量的文人墨客都对金石学产生了兴趣，废弃了两千年的篆、隶书又被重新书写。生长在这样大环境中的李叔同，自然也要对先秦鼎彝铭文、汉魏六朝墓志等古书法进行系统刻苦地钻研，在临《张猛龙碑》《天发神谶碑》《龙门二十品》等碑帖上下功夫。有此功力之后，李叔同的墨宝逐渐呈现出了苍劲、质朴、典雅的特点，深受当时书画界的赏识，其书法作品甚至有一部分已被私人珍藏；另一部分则以《李息翁临古法书》为名被上海开明书店影印出版。

在杭州第一师范学院任教之时，是李叔同书法水平突飞猛进的关键时期，他每日努力临摹古代碑帖，从秦汉到唐宋，从篆书到草书，都有所涉猎。通过录写古代先贤的诗歌文字进行书法创作，他逐渐走上了早期书法创作的高峰时期，从而给后人留下了一大笔宝贵的书法财富，如直幅、中堂、条屏、横披、横卷、对联和书札，等等。不仅如此，李叔同此时用笔方法也有所改进，他将黄庭坚的行楷和北碑相融合，形成了自己独特的书法风格。另外，他还将学校师生的书法作品结集成册，命名为《白阳》杂志，李叔同亲自设计封面并题词,所题"白阳"二字正是取法于《张猛龙碑》。不仅如此,他还组建了"乐石社",专门召集爱好书法金石的师生聚会探讨有关金石艺术的相关问题,并创刊《乐石》,将师生的篆刻作品收录其中。这些做法的目的在于"雅废夷侵,贤者所耻。值猖狂颠靡之秋,结枯槁寂寞之侣。足音空谷,幽草寒蛩。纵未敢自附于国粹之林,倘亦贤乎博弈云尔"。可见,李叔同希望在西方文化入侵之时,通过这种方式来弘扬国粹,保存国粹以不被异化,从而表现出了在西学东渐的历史时期,作为艺术家的李叔同所具有的责任感和民族情怀。在这种时代条件下,李叔同所能做的就是将书法这一国粹保存并发扬光大,以唤起知识分子的民族自信心和自尊心,得以与西学相对抗。当然,这一做法且不说实际效用如何,至少起到了抛砖引玉之功效。除了在学校的一些努力之外,李叔同还积极与西泠印社的诸位同人交往、交流,在出家之前,他甚至还将自己常用的印交给西泠印社封藏。李叔同这一时期在书法方面的练习依然刻苦异常,据夏丏尊记载,李叔同"居常鸡鸣而起,执笔临池,碑版过眼,便能神似","每体少者一纸,多者数纸,所收盖不及千之一也"。从中可见,李叔同在书法创作方面的勇猛精进。

在虎跑寺断食期间,李叔同每日坚持练字,包括魏碑、篆文、隶书等方面,并没有比平日减少多少。据夏丏尊在《弘一法师之出家》中记述:"他的断食,共三星期。第一星期逐渐减食至尽,第二星期除水以外完全不食,第三星期起,由粥汤逐渐逐渐增加至常量。……他平日是每日早晨写字的,在断食期间,仍以写字为常课,三星期所写的字,有魏碑,有篆文,有隶书,笔力比平日并不减弱。"可见,李叔同对于练字的事情是一直非常坚持的。自从在虎跑寺断食之后,李叔同与现实生活产生了疏离感,他逐渐一心向佛,将俗世中的一切慢慢放下,尤其是放下了自己曾经引以为豪的书画艺术。因而,他将前半生所积累的书画、书籍、用具都分别赠送给了学校的师生。据夏丏尊记载:"暑假到了,他把一切书籍字画衣服等分赠朋友学生及校工们——我得到的是他历年所写的字,他所有折扇及金表等——自己带到虎跑寺去的只是些布衣及几件日常用品。"另一位同事姜丹书记载:"及入山时,将艺术书物举赠北京新办之国立美术专门学校,印章举赠杭州西泠印社,后庋人石壁内,镌题其穴曰'印藏',笔砚碑帖举赠杭州书家周承德,其余零缣残素,分归友好夏丏尊、堵申甫及贤弟子吴梦非、金咨甫、李鸿梁、丰子恺、刘质平、李增庸等为纪念……"李叔同自己也回忆:"任杭州教职六年,兼任南京高师顾问者二年,及门数千,遍及江浙。英才蔚出,足以承绍家业者,指不胜屈,私心大慰……凡油画、美术、图籍,寄赠北京美术学校(尔欲阅者可往探询之),音乐书赠刘子质平,一切杂书零物赠丰子恺……"由此可见,李叔同自此决心摒弃一切艺术形式,从而与过去彻底作别,以发心对过往、对世俗名利声色生起大忏悔之心,甘与青灯古佛为伴度过余生。五月二十三日,李叔同又专门写了条立幅"南无阿弥陀佛",字体古朴庄重肃穆,集中体现了他多年来在碑版方面的功力。

尽管如此,正式出家之后,李叔同虽然诸艺俱废,但仍保留了书法,之所以会有如此转变,与范古农居士有关。出家之前,李叔同前往嘉兴拜访范古农居士,李叔同向范居士倾诉了他的烦恼:因书画名气过大,致使人们竞相向他求墨宝,这使他非常为难,因为他认为自己既然要出家,就要发誓一心向佛,不操旧艺,可他面对热情的众人又不忍拒绝。范古农听后,劝导李叔同说:"若能以佛语书写,令人喜见,以种净因,这也是佛事,又有何妨?"范居士此语一出,令李叔同

李叔同像

醍醐灌顶，遂接受了这一劝告。从这往后，只要是前来求字之人，李叔同都来者不拒，用写佛语的方式来与众生结缘度生。一日，夏丏尊来访，李叔同将写好的《楞严经》中的四节经文附上跋语赠之。还为杨白民手书宋代法常法师在圆寂前所作的词："此事楞严尝露布，梅花雪月交光处。一笑寥寥空万古。风瓯语，迥然银汉横天宇。蝶梦南华方栩栩，斑斑谁夸丰干虎。而今忘却来时路。江山暮，天涯目送鸿飞去。"通过书写此词的形式，李叔同提醒白民老友，人生无常，生命短促，不断轮回，世间万事最终皆归于空，解脱生死轮回才是正道。他希望白民老友能理解他的良苦用心，早日参透世事，皈依佛门，这些用意都浓缩在他的一句话中："万古是非浑短梦，一句弥陀作大舟。"在灵隐寺时，李叔同在《太平洋报》的同事胡朴安前来探望，获赠李叔同手书"慈悲喜舍"作为答谢。后来，他在《李息翁临古法书序》中说："居俗之日，尝好临写碑帖。积久盈尺，藏于丏尊居士小梅花屋，十数年矣。尔者居士选辑一帙，将以锓版示学者，请余为文冠之卷首。夫耽乐书术，增长放逸，佛所深诫。然研习之者能尽其美，以是书写佛典，流传于世，今诸众生欢喜受持，自利利他，同趣佛道，非无益矣。冀后之览者，咸会斯旨，乃不负居士倡布之善意耳。风缠鹑尾，如眼书。"抗战前夕，杭州办有刊物《越风》，抗战之后，此刊物更名为《杭州文史半月刊》，夏丏尊、经亨颐、姜丹书、郁达夫、尤默君、李叔同等名流都在此刊物有过撰稿的经历。也许因此缘分，李叔同与尤默君在衢州得以熟识，尤默君提出想拜读李叔同的近作，李叔同回温州之后便以书法的形式抄录了五篇近作，寄给尤默君。尤默君则将此编成《论月集》，并分次发表在了《越风》杂志上，并题记："岁在甲子，讲学三衢，会弘一法师亦莅斯土，相与晤对，如平生欢，盖法师与不才同隶南社也。寻法师返瓯，以近作录成手卷见赠，都文五。兹先录寄萍荪先生，以实《越风》，并以示世之爱读法师文字者。尚有简札跋语，当再续寄。论月者，法师号也。丙子夏，东吴尤默君谨识。"之后又说："手卷通体作小行楷,古媚之气,盎然纸上,盖法师书法原从《张猛龙碑》阴出。卷末附以短跋,字小如蝇头,凄婉可诵。跋云:'岁阳阏逢,冉冉春暮,将退隐林邱,埋名长逝。手写近作,以付玄父居士。'按:太岁在甲曰阏逢,是年甲子为建国十三年。玄父即为不才别篆。犹忆今春晤陈伯横先生于古越,以所藏法师各种手迹示之,先生以为至宝。题《佛说八种长养功德经跋》,称法师书法,可俯视隋唐,询非过誉。手卷亦正在请先生加题中。法师尚未致俗宗兄绍莲居士书,拟附《论月集》后。又有《晚晴呓语》及题跋简札,当陆续钞付《越风》发刊,以飨读者。"在净峰寺时,李叔同为李汝晋书写《大悲咒》,高文显为之作序言:"弘一法师来闽数载,居常运用其艺术手腕,书写经文佛号,赠诸淄素,以广结胜缘。迩者法师已栖隐净峰,将编著大部律书,无暇再作文字上之应酬矣。广洽法师送其入山后,携带其所写经文联句多种,中有为李汝晋居士书写之《大悲咒》,字迹高古清秀,不着人间烟火之气。洽师谓余曰:'音公此行,恐将长久栖息于斯矣。盖其地虽苦,然山水秀美,僻静幽静,相传为李拐仙所居之地,实隐者之所也。'"可见,李叔同出家之后,诸艺俱舍,唯独没有放弃书法,通过用书法的艺术形式书写经典赠送于有缘之人,使其开智慧,增福报,从而达到度化众生的作用。

　　独留书法是为了接引众生,也是弘法的一种方式。后来他还表明了自己对书法的立场:"出家人并不是不可以讲究写字的,但不可用全副精神去应付写字;出家人应对于佛法全力研究,而于有空的时候,写写字也未尝不可。写字如果写到了有个样子,能写对子中堂来送与人,

署名为"李息"的李叔同书法作品

以作弘法的一种工具，也不是无益。"可见，虽然出家人的本分是念佛修行，但与写字并无绝对冲突，出家人只要把握好修行与写字之间的分寸，就可以将书法作为度生的工具，从而更好地发挥书法的重要作用。他还说："我觉得最上乘的艺术，在于从学佛法中得来。要从佛法中研究出来，才能达到最上乘的地步。"

后来印光大师也曾告诫过，尽管可以进行书法创作，但不得随意而为，要凝神静气、工整庄重。对于这些话语，李叔同铭记在心。印光大师说："写经不同写字屏，取其神趣，不必工整。若写经，宜如进士写策，一笔不容苟简，其体必须依正式体，若座下书札体格，断不可用。古今人多有以行草体写经者，光绝不赞成。"从中，我们可见印光大师对抄写佛经态度的要求，即以极为虔诚的心去抄。为此，印光大师对抄经的字体进行了规范，即必须用楷书，其他的一概不宜，尤其反感用草书抄经，认为如果这样去做则"方欲以此了断烦惑，了生死，度众生，成佛道，岂可以游戏为之乎？当今之世，谈玄说妙者不乏其人，若在此处检点，则便寥寥矣。"可见，行草的书风违背了抄经要了脱烦恼的本意，更违背了生死、度众生的严肃性。印光大师还说："书经乃欲以凡夫心识，转为如来智慧。比新进士下殿试场，尚须严恭寅畏，无稍怠忽。能如是者，必能即业识心，成如来藏。于选佛场中可得状元。"即书写经典是修行的一种方式，目的就是要转识成智，转烦恼为菩提，因此必须要恭敬，否则有怠慢之嫌。这些见解深深地影响了李叔同后期的书风。李叔同此后每去一处，除了日常修行之外，就是用书法抄经，抄经过程中的每一个字他都极为认真虔诚，生怕亵渎了诸佛菩萨。

对于如何写好字，李叔同曾经在一次演讲中做了详细的描述：

> 每天练习写字的时候，应该将篆书、大楷、中楷、小楷四个样子，都要多多地写与练。如果没有

时间，关于中楷可以略掉；至于其他的字样，是缺一不可的，且要多多地练习才对。

写字若从篆书入手，不但写字会进步，而且也很有兴味的。能写篆书以后，再学楷书，写字时一笔一画，也就不会写错了。

我们写字的时候，切不可倚在桌上，须使腕高高地悬起来，才可以运用如意。

写字总不能随随便便。每个字的地位要很正，要不偏左不偏右，不上不下，要有一定的标准。因为线有中心点，初学时注意此线，则写起来，自然会适中、很"落位"了。

平常写字时，写这个字，眼睛专看这个字，其余的字就不管，这也是不对的。因为上面的字与下面的字都有关系的——即全部分的字，不论上下左右，都须连贯才可以。这一点很要紧，须十分注意。不可以只管写一个字，其余的一切不去管它。因为写字要使全体都能够配合，不能单就每一个字去看的。

由此可见，李叔同出家后所写的书法作品，并非为机械的、技巧性的创作过程，而是一个不断苦练从而脱离技巧一气呵成的过程，更是境界与字融为一体的修行过程。在此过程中，凝神静气，摒除杂念，才可成就静穆庄严的佛教书法作品。在《致马冬涵》中，李叔同说："于常人所注意之字画、笔法、笔力、结构、神韵，乃至某碑、某帖、某派，皆一致摒除，决不用心揣摩。故朽人所写之字，应作一张图案画观之则可矣。不唯写字，刻印亦然。仁者若能于图案法研究明了，所刻之印必大有进步。因印文之章法布置，能十分合宜也。又无论写字刻印等，皆足以表示作者之性格（此乃自然流露，非是故意表示）。朽人之字所示者，平淡、恬静、冲逸之致也。乞刻印文，别纸写奉。谨复，不宣。"可见，李叔同认为字如其人，表达了人的情感和性格，而自己由于修行的缘故,因此内心已经非常平淡、清净无为了,因而写出的字也是平淡、清净、恬静的。在晚年时期,李叔同认为任何艺术都是无相的。在《竹园居士幼年书法题偈》中他说:"文字之相,本不可得。以分别心,云何测度。若风画空,无有能所。如是了知,乃为智者。"在《题郑翘松卧云楼诗存》中又说:"一言一字,莫非宝相。周遍法界,光明无量。似镜现像,若风画空。如斯妙喻,乃契诗宗。"可见,书法艺术的本质是与天地万物浑然一体的,是无相之作,乃符合佛教"真空妙有"之义理。若人有所贪欲、执着、分别,则失去了它最为本真的东西;若能无分别心,则呈现在纸上的字则没有刻意之痕迹,一切皆从真空妙有中流出。李叔同在为《马冬涵印集》所作序中说:"夫艺术之精,极于无相。若了相,即无相。斯能艺而近于道矣。印集文云:听有音之音者聋,即近此义。若解无音之音,乃可谓之聪矣。"表达出他对于书法最高境界的理解,即"无相"。要达到这样的境界,需要长期的

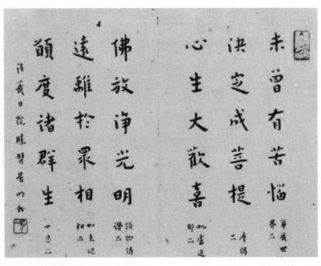

李叔同书法作品

修行,破除各种执着。所以,李叔同说:"诸位若佛法有一分的深入,那么字也会有一分的进步,能十分地学佛法,写字也可以十分地进步。"可见,在学佛修行的过程中,内心逐渐清净无欲,在此前提下才可使书法之境界达到极致。

综上所述,我们得知,李叔同的一生充满了传奇色彩,因此其书法风格也几经变化。对于李叔同不同时期的书法风格之变化,学界曾有人做过总结,比如柯文辉则将之分为三个阶段:"第一阶段,三十九岁之前,结体稍扁,章法紧凑,笔锋锐利,才气纵横,逸荡不伤沉稳。第二阶段,从出家至五十岁左右,结体方正,骨骼峻挺,力在骨中,笔画稍瘦,起

落严谨,放少敛多,平淡冲和,与世无争,虔诚苦行,流露笔端。第三阶段,晚年火气消尽,用本人说法:'朽人之字所示者,平淡、恬静,充逸之至也。'字形狭长,结体疏松,光风霁月,宁静淡远,不求工而至工,浑然一体,妙迹难寻。"陈祥耀也是从三个阶段进行了对比和总结,他说:"起初由碑学脱化而来,体势较矮,肉较多,其后肉渐减,气渐收,力渐凝,变成较方较楷的一派。数年后乃由方楷而变为修长,骨肉由饱满而变为瘦硬,气韵由沉雄而变为清拔。其不可及处,乃在笔笔气舒、锋藏、神敛。写这种字,必先把全股精神集中于心中,然后运之于腕,贯之于笔,传之于纸。心正笔正,此之谓欤?"可见,李叔同出家事件虽为前后期书法生涯的分水岭,但从书法作品所体现出的不同特点来看,分作三个阶段更为得当。这是因为,出家之初,李叔同的修行只是刚刚起步阶段,书法作品当中还渗透着早期的一些元素,因而可以作为独立的一段时期来研究。待修行时间越长,修行程度越高,内心越加清净无染之时,写出的书法作品越是呈现为无作意之痕迹,完全是清净的内心在笔端的流露,达到了人与字合一之状态。用张光兴的观点来看,就是"用'大巧若拙''绚烂至极归于平淡'来形容弘一的书法是再恰当不过了"。他开启了"朴拙圆满,浑然天成"的一代书风,被后人称为"弘一体",因此是很难模仿的一派。

"弘一体"与其他书体相比较具有自己的特色。首先,字体独特新颖,虽然不脱离传统的书法创作,但已经融入李叔同自己的个性。其次,较之传统的书体,李叔同的笔法极为独特,其书体在隶书、行书和篆书之间游走,似像非像,并对传统书体有所超越,从而展现出了天人合一、人我俱忘的境界。由此可见,"弘一体"最大的特点就是不拘泥传统书法规则,独具个性,具有出世之境界。学者张志攀认为,"'弘一体'书法的艺术特色其中心是一个'清'字。'清'是大师书法艺术的精髓。清淡、清平、清正、清瘦、清湛、清静、清通、清虚、清醇、清拔、清远、清雅等概念,都可以作为对弘一书法艺术特色的概括和形容。读其书法，如沐清风、如享清凉、如闻清馨，从而使人逐渐清扫清除由得失之心所产生的人生烦恼，安然坦然地对待生的清贫清苦。"

李叔同的学生黄福海专攻"弘一体"书法而成就显著，其所书写的弘一体法书《华严经》的部分章节，被刻石立碑于泉州大华严寺山门两侧，而黄福海本人亦因对"弘一体"研究和实践的造诣而享誉海内外。"弘一体"的书法作品众多，而其中最具有代表性的当属《佛说阿弥陀经》。李叔同曾对刘质平说："字之工拙，占十分之四，而布局却占十分之六。"据刘质平回忆，李叔同在创作这一书法作品之时："落笔迟迟，一点一画，均以全力赴之，五尺正幅，需二小时左右方成。"由此可见，李叔同在书写佛经之时下笔速度极慢，似在书写的过程中修订，由此其字才呈现出看似随意实则有力的风格。在书写佛经的过程中，李叔同又重新获得了内心的清净与宁静，他意犹未尽，又为刘质平写了一批字，嘱咐他好好保存。刘质平将师父所作的书法作品奉为至宝，他为《佛说阿弥陀经》这十六幅大作品作了相应的文字说明："《佛说阿弥陀经》屏条式，五尺整张大小，共十六幅。每幅六行，每行二十字，分十六天写成，为先师平生最重要墨宝。余亲自磨墨牵纸，观其书写。先师所写字幅，每幅行数，每行字数，由余预先编排。布局特别留意，上下左右，留空甚多。"这幅作品今已多次被翻印。

《佛说阿弥陀经》字体圆融，笔画分开，多用连笔，灵动飘逸。可见，李叔同后期的书法无论是在笔法、笔力还是结构布局等方面都具有相当的创新性。其字细瘦，章法舒朗，点画分开，化繁为简，气韵流动，质朴无华。妙峰在《弘一法师手书嘉言集联·序》中总结道："我们不难发现，弘一大师的作品没有火气，没有刀斧痕迹，字如其人，不显山，不露水，以'平民''布衣'泯迹于丛林之中。"的确，李叔同成为弘一大师之后，其内心世界返璞归真，慈悲等视众生，由此才可以有如此超拔灵逸之作呈现给后世。李叔同对此也非

李叔同书法作品

常自豪,据刘质平回忆:"师曾对余言,艺术家作品,大都死后始为人重视,中外一律。上海黄宾虹居士(第一流鉴赏家)或赏识余之字体也。"可见,李叔同的书法在当时的书画界依然占据着非常重要的位置,甚至被诸多书法爱好者所钦慕、追随。正因为如此,有几个人合计要请他按照《新字典》中所收的字逐一书写,以之来刻制铜模。李叔同欣然答应,他写信给夏丏尊说:

惠书诵悉。承询所需,至为感谢。此次由闽至温,旅费甚省。故尚有余资。宿疾本因路途辛劳所致,今已愈十之九,铜模字即可书写。拟先写千余字寄上。俟动工镌刻后,再继续书写其余者。今细检商务铅字样本,至为繁芜。有应用之字而不列入者,有《康熙字典》所未载之僻字及俗体字,而反列入者。若依此书写,殊不适用。今拟改依《中华新字典》所载者书写,而略增加。总以适用于排印佛书及古书等为主。倘有欠缺,他时尚可随时补写也。墓志造像不列目录,甚善。

《佛教大辞典》,是否仍存尊处?因嘉兴前来书谓未曾收到。如未送去,仍以存尊处为宜。阳历四月十九日寄挂号信与上海美专刘质平居士,至今半月余,无有复音。乞为探询,质平是否仍在美专,或在他处?便中示知为感!

演音

阳历五月六日

四月初一,李叔同又写信一封,进一步探讨铜模之事:

昨复一片,想已收到。此次写铜模字,悉据商务《新字典》(前片云《中华新字典》者,非也)所载之字,去其钙、腺、呎等新造之字,而将拾遗门之字择要增入,并再参考《康熙字典》,增加其适用之字(如丙字等)。先依此写成一部,以后倘有缺少者,可以随时增入也。拟先写卅纸奉上,计一千零五十字。俟动工镌刻后,大约十天后,即可写就奉上。书写模字最应注意者,为全部之字,须笔画粗细及结构相同。必能如是,将来拆开排列之时,其字乃能匀称。又写时,于纸下衬一格纸。每字中画一直线,依此直线书写,则气乃连贯。将来拆开排列时,气亦连贯矣。今夏,或迟至秋中,余决定来白马湖正式严格闭关。详情后达,先此略白。山房存米甚多,乞令他人先取食之,俟余至山房,再买新米。

演音

从中可知,李叔同虽然身体衰弱,还要修行,但他也非常愿意为书法传承贡献着自己的力量。待此事有所眉目之后,他依然没有忘记自己最重要的事情,即闭关修行。

在当时的上层文化界,李叔同的书法依然深受众人喜爱。即便是在当今中国,李叔同的书法艺术依然占据着一席之地,被评为"中国二十世纪十大杰出书家"之一。

在这里,需要指出的是,刘质平对李叔同的墨宝能够得以流传后世贡献良多。在李叔同生前,他曾在上海为老师举办了书法展览会。《弘一上人书法展览会》记载:"展出有立轴、屏条、小册、手简四类。其中尤以《阿弥陀经》十六大幅为墨林瑰宝。字作晋楷,一笔不苟。"不仅如此,李叔同的书法作品大都被刘质平所收藏。自李叔同出家以来,刘质平经常供养师父,为了感谢刘质平,李叔同经常会寄字幅或书写佛经给他。李叔同说:"我入山以来,承你供养,从不间断。我知你教书以来,没有积蓄,这批字件,将来信佛居士们中间必有有缘人出资收藏,你可以将此留作养老及子女留学费用。"在这前后,李叔同所赠的书法作品整整装了十二个字画箱子,其中不乏一些精品。抗日战争时期,时局混乱,刘质平为了保护这批字幅,雇船悄悄地将其运出上海,期间虽曾遭到日寇的抢劫,但精品损失不

李叔同书法作品

多。为了保护这些字幅,刘质平无法在外地工作,一家人只能躲在浙江的乡间,生活拮据困顿,尽管如此,他都没有拿出师父的书法作品进行贩卖。其间,孔祥熙曾出资五百万两黄金收买《佛说阿弥陀经》,但遭到了刘质平的拒绝,他对老师的一片深情令人感慨动容。"文化大革命"之时,刘质平已经是七旬老人,在政治压迫之下依然正义凛然,绝不交出师父的作品。为此,他甘愿付出生命。他说:"生命事小,遗墨事大。我国有七亿人口,死我一人,不过黄河一粒沙子,而这批遗墨是我国艺术至宝,历史书法中之逸品,若有损失,无法复原,那才是真正有罪!"可见,在刘质平的眼中,师父的这些书法作品就是其精神之载体,见字如面,是师父留给他的一笔宝贵的精神财富,这笔财富胜过了他的生命和一切。除了刘质平珍藏的一大部分墨宝之外,还有一些流向了不同的人士,据丰子恺在《弘一大师遗墨序言》中回忆:

其中(李叔同,引者按)对于书法,致力最多,从事最久。在俗时每日鸡鸣而起,执笔临池;出家后诸艺俱疏,独书法不废,手写经文,广结胜缘,若计幅数,无虑千万。出家后所作,刘质平君所藏独多,达数百件。今所集者,半属刘君所藏。在俗时所作,数亦甚多,但分散各处,兵火后不易征集。本书所载,仅杨白民、夏丏尊二先生之所藏,前者由其女杨雪玖君保管,后者由其孙夏弘宁君保管,今均已捐赠上海博物馆矣。乃者,新加坡侨胞广洽法师等(芳名录见书末),企仰大师道艺,愿舍净财,刊印遗墨,属予任其事。余愧力弱,难能胜任。幸得吴梦非、钱君匋二君之协助,始成此卷。大师遗墨,浩如烟海。此中所载,不啻万一。但愿以此为始,多方搜求,继续刊印,使大师之手迹永垂不朽,对我国书法艺术之发扬有所贡献,则幸甚矣。

辛丑仲夏丰子恺谨序于上海

可见，在李叔同的身后，有他的学生、朋友、僧友等诸多人士竭尽全力地搜求其散落的墨宝，这是对他极大的尊敬和怀念，同时对书法艺术的弘扬也起到了不可磨灭的历史贡献。一九八〇年，在李叔同诞辰一百周年之时，中国佛教协会在北京法源寺举办了为期一个月的"弘一法师书画金石音乐展"。此次活动在佛教界和文艺界引起了诸位名家的关注，当时包括赵朴初、叶圣陶、俞平伯等人都参加了开幕式，在社会上也引起了极大的反响，前来参观的书法爱好者络绎不绝，人们带着崇敬之心来纪念这位人格高尚的高僧大德。在此次活动之后，中国佛教图书文物馆将其书法作品结集成册，书名为《弘一法师》，进行刊印流通。

二、书法赏析

1. 早期作品赏析

钱君匋先生在《忆弘一大师》一文中说："他写《张迁碑》，稚拙韶秀，气宇雍容；写《石鼓文》，匀停舒展，缓带轻裘于百万军中，有儒将风流；写《天发神谶碑》，变险为平，内涵蕴藉；写《爨宝子碑》，密极似疏，举重若轻，方笔之美，运锋如刀。"这是对他早年书法作品的精准评价。

李叔同早年的书法作品在用笔上较为注重对北碑方正、坚毅、冷峻效果的模仿，在点画处多用连笔，体现出气息的流畅。这一方法体现出了李叔同早期作品追求的是艺术美感，视觉效果。关注字的结构，有刻意为之之感，同时亦有彰显自己个性的欲望。

李叔同去上海之前，其书法作品大都自由挥洒，不讲技法；到了上海之后，开始追求美感，讲究技巧和章法。

在浙江第一师范学院任教后，李叔同的书法作品开始成熟稳重，大都运用帖法，笔端流畅，讲求技巧和章法。我们以一九一五年他写给学生刘质平的信为例，笔法取撷于《张猛龙碑》，有明显的北碑特点。一九一七年，他再次写信给刘质平，虽然依然带有之前的北碑之风，但笔法明显更加成熟,字体修长寒瘦,笔法坚毅,字内极少留白。甚至没有留白,行笔缓慢在某些程度上褪去北碑字体的方,而是朝着修长和往右上方倾斜的方向发展。至此,李叔同的书法开始追寻灵魂深处的召唤。

总体而言,李叔同早期的作品如柯文辉先生所言:"结体稍扁,章法紧凑,笔锋锐利,才气纵横,逸宕不伤沉稳。……从阳刚之美去看早年书法,真力开张,英华外露,有力的美。"

2. 后期作品赏析

柯文辉先生认为李叔同的书法:"自出家至五十岁左右,字的结体由矮肥变为正方,骨骼挺劲,力在骨中,笔画稍瘦,起落严谨,放少敛多,跳出北碑影响。看外部之美不如往昔,而平淡冲和,与世无争,虔诚苦行,流于笔端……晚年的字火气消尽……字形变得狭长,结构运笔很疏松,脱去旧貌……而我们呢看到的却是光风霁月,涤荡俗念的宁静淡远,不求工而至工,浑然一体,妙迹难寻,镜底昙花,超脱中含着不能超凡入圣的圣情,一片童趣与高度修养相结合的博大深邃。"总体而言,李叔同后期的书法作品主要包括六种风格。一种是篆书,此类风格的书法作品典雅正统,但存量较少,这类作品主要体现在"南无阿弥陀佛"的小尺幅作品中。第二种是隶书,此类作品端庄大气。第三种是纯草书,通过我们前文的论述可以发现,李叔同出家后深受印光大师的影响,所以摒弃了草书的创作。由此可以推断,此类书法作品应为李叔同刚出家之时,还未受到印光大师教导之前所作。此类作品肆意挥洒,潇洒活泼却不失厚重之感。第四类是行书、楷书、草书相结合的作品,这些作品大都为出家前期所作。随着李叔同修行水平的不断提高,内心的染著越来越少,使得第五种书法作品逐渐得以呈现,即一九一九年给夏丏尊所写的以魏晋小楷为主要风格的《楞严经》摘句。此作笔锋尖利,方折较多,庄严古朴,淡定自若。同样风格的作品还有一九二四年写的《佛说大乘戒经》,此作字肉多，藏锋多见，饱满圆融。第六种是魏碑式的楷书。如一九二二年的《苏轼画阿弥陀佛像偈》，此作用笔变化多端，整体感觉趋扁，但充满活力。

一九二四年前后，李叔同专注修行，于书法方面用力不多，其书法作品多呈现出虔诚、恭敬之姿态，对于书法风格变化创新并无追求。这样的书法风格深得印光大师所赞赏："十日前接手书，见其字体工整，可依此书经。夫书经乃欲以凡夫心识，转为如来智慧。……能如是者，必能即业识心成如来藏，于选佛场中可得状元。"通过这段话，我们除了感受到赞赏之外，还能体察到

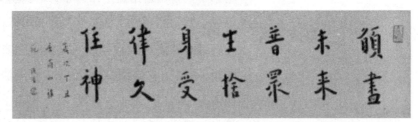

署名"演音"的李叔同书法作品

印光大师的规劝，即在写字时逐渐放下以前的习气，从而转识成智。因此，李叔同这一时期的书法作品多为恭敬严谨、庄严肃穆，以表诚意，也与其心识逐渐清净有关。可以说，李叔同这一时期的作品已经脱离了"我相""人相""众生相""寿者相"，达到了他所谓的"文字之相，本不可得。以分别心，云何测度。若风画空，无有能所。如是了知，斯为智者"之无相境界。这种书写心境和境界黄庭坚也有，他曾说过："老夫之书，本无法也。但观世间万缘，如蚊蚋聚散，未尝一事横于胸中，故不择笔墨，遇纸则书，纸尽则已，亦不计较工拙与人之品藻讥弹。譬如木人，舞中节拍，人叹其工，舞罢，则又萧然矣。"可见，书法的最高境界就是离相、不作意，一切技巧都抛在一边，用无分别心而为之，这样的书法作品才有内涵、韵味和灵魂。

当然，要鉴赏李叔同的书法作品，就绝对不能绕开《护生画集》。《护生画集》宣传"护生就是护心，救护禽兽虫鱼只是手段，倡导仁爱和平是目的"，以通俗的方式教导人们尊重生命，善待动物，自发行以来反响显著。在共同完成

《护生画集》的过程中，李叔同多次致信丰子恺、李圆净，其中提到："《戒杀画集》出版之后，凡老辈旧派之人，皆可不送或少送为宜。因彼等未具新美术之知识，必嫌此画法不工，眉目未具，不成人形。又对于朽人之书法，亦斥其草率，不合殿试策之体格（此书赠与新学家，最为逗机。如青年学生，尤为合宜）。"李叔同认为，他们这种崭新的艺术形式不一定会被守旧者所接受，尤其他的书法风格更将如是，他嘱咐弟子们多赠送给新学派人士，因为他们思想先进开明，能够领会其中的奥义。古人云"道不同不相为谋"，李叔同作为曾经有着留日背景和深受西学影响之艺术家，他不循规蹈矩，不遵循章法，而是在境界中将书法应用得游刃有余。因而，如果达不到这一境界，没有相应学识之人，则是很难接受和理解他和他的书法的。对于《护生画集》中的书法风格，李叔同如是说："案此画集为通俗之艺术品，应以优美柔和之情调，令阅者生起凄凉悲悯之感想，乃可不失艺术之价值。若纸上充残酷之气，而标题更用'开棺''悬梁''示众'等粗暴之文字，则令阅者起厌恶不快之感，似有未可。更就感动人心而论，则优美之作品，则能耐人寻味，如食橄榄（此且就曾受新教育者言之。若常人，或专喜残酷之作品。但非是编所被之机，故今不论）。"可见，在慈悲等视的心境之下，他的书法要向世人传递的是真、善、美，是和谐，是教化感染，是教人行善积德。在这一宗旨之下，书法要柔美、温暖。据夏丏尊十年后出版的《续护生画集序》中记述："犹忆十年前和尚偶过上海，向坊间购请仿宋活字印经典。病其字体参差，行列不匀，因发愿特写字模一通，制成大小活字，以印佛经。还山依字典部首逐一书写，聚精会神，日作数十字，偏正肥瘦大小稍不当意，即易之。期月后书至刀部，忽中止。问其故，则曰：刀部之字，多有杀伤意，不忍下笔耳。其悲悯恻隐，有如此者。"由此可见，《护生画集》的本意就是倡导人们以柔软、平和、慈爱之心来对待世界，李叔同为此画集所作的书法亦与其主旨相一致，即以匀称、正统、平和为特点，边框留白凸显境界。其字体修长，在楷书、行书、草书间转换，笔锋上提，灵动充逸，充满温情，从而充分体现了帖体的效果。由此不难发现，《护生画集》中的书法风格亦是其寒瘦书法的代表作。

　　除了《护生画集》之外，还有一幅作品被后人所重视，因此，在品鉴过程中我们不能绕开它，这就是李叔同圆寂前所写的"悲欣交集"四个字。柯文辉在《弘一大师书法手书格言序》中说："弘一大师的最后遗墨'悲欣交集'，脱尽铅华，真气流衍，无滞无碍，达到他个人书法艺术的顶峰：忘人忘我，一片浑茫。此作是继王羲之《兰亭序》、颜鲁公《祭侄文稿》、杨凝式《韭花帖》、苏轼《寒食帖》之后，抒情书法的又一座高峰，在文化史上有纪念碑的意义。"梅墨生在《弘一法师、郭沫若书法批评》中也说："弘一书法前后脱胎换骨，判若两人。其绝笔'悲欣交集'为二十世纪书法之一里程碑之作，是'心画'。它浓缩了作者个体生命的最大真实与全部信息，它是二十世纪的《兰亭序》或《祭侄稿》。"可见，李叔同的这一墨宝在当今书画界仍然享有盛名，在当代书画家的眼中，能够比得上李叔同这一作品的书法作品少之又少。实际上，这四个字是李叔同一生书法实践的结晶，同时还是在中国书法界具有不可替代地位的墨宝之一。从作品的内蕴上看，可以理解为：在圆寂之前，李叔同的修行已有一定的成就，从这一点上来看，他是欣喜的；但想到还有那么多众生尚在苦海中煎熬，尚未了脱生死，他又深感悲哀。这四个字体现了佛教大乘菩萨的"慈悲喜舍"之精神。由于气力不足的原因，这四个字看起来稍显吃力、倔强、不循章法，墨色由浓转淡，超越了一切相，给人一种没有烟火之感。

　　当代研究李叔同的大家金梅先生认为："如

署名为"一音"的李叔同书法作品

果说,李叔同早期——入佛以前的书法显得真力开张的话,中期——自出家至五十岁左右的作品,尽管从外面看,其力势已不如往昔,但依然骨骼俊健,力在骨中,可以说,这是作者于人间之事仍不无一争的间接反映。乃至晚年,他在佛门中经过了长期的修炼,涤荡了种种俗念凡情,消滤尽人间烟火气,终于接近了忘人忘我一片浑然的境界,其书法艺术,则就呈现出了‘平淡,恬静,充逸之致’。而这,也可以说是他青少年时期所受唐静岩‘规秦抚汉’‘胎息六朝’之教的深远影响吧!”因此,可以说,李叔同晚年的书法作品达到了物我两忘的境界,亦实现了对以往各种书体的超越,最终形成了自己极简的风格。总体而言,李叔同出家之后的书法作品以宗教为内容,不再有棱有角,风格简洁,线条平直,字体瘦弱,故而有学者将其字看作是“如蠕动而昂首的蚕宝宝一样”,给人以返璞归真的纯粹之艺术享受。

三、书法评价

苏珊·朗格认为:“艺术家的精神视野,以及本人个性的成长和发展,是与他的艺术密切相关的。”“理解书法,首先是对书法家的理解。”因此,我们在评价李叔同的书法成就之时,就要基于其一生传奇的人生经历及其在此过程中内心世界所发生的种种变化,而不是就书法论书法,唯有如此,对其评价才有可能更为客观与中肯。前文多次阐述了李叔同在书法创作历程中所经历的早、中、晚三个阶段,而这三个阶段亦是其人生经历转折的重要阶段。可以说,在此前提之下,其心境亦发生了三次重大转变。故而,流于笔端的情感境界是有所不同的,书风亦随之大不相同。

从早年来看,作为一个翩翩佳公子,李叔同享尽了人间的种种繁华富贵,无论是从物质上还是声名上,他都是上天的宠儿。因此,这一时期的心境是好奇、探索、单纯的,对于人生并未有太多的感悟,对于感官的享受较为重视;对于书法,亦未投入自己过多的情感和感悟,多以临摹为主。但临摹亦是非常重要的,它决定了李叔同后来书法的功底和"弘一体"的产生。叶圣陶对于临摹有着精到的体悟:"艺术的事情,大都始于模仿而终于独创,不模仿打不起根基……用真诚的态度去模仿的,自然而然会遇到蜕变的一天。从模仿中蜕变出来,艺术就得到了新的生命。不傍门户,不落窠臼,就是所谓独创了。"可见,临摹是起步阶段最为重要的事情,李叔同在书法起步阶段便以临摹魏碑等成熟的书法作品为主,用力甚多,故而有所成就。第二个阶段,随着与李叔同相依为命的母亲故去,家道衰落,李叔同开始自谋生计,当了师范学院的老师。在此过程当中,使他对人生的理解逐渐加深,开始反省早年在声色犬马中所过生活的虚妄性,从而试图探索和开启出一条崭新的人生道路来。他当时给刘质平写信说:"不佞近耽空寂,厌弃世事。"表达出了他对以往人生的不满和忏悔,需要新的人生通道来完成余生。通过断食他得到了生命本真淡然平静无欲的快乐,心境也发生了转变,由好奇、探索世界到冷静地思考世界。这一阶段所写书法体现了坚毅、刚健、沉稳的特点,但烟火气越来越淡。直到第三个阶段,即放下万缘,出家为僧后,其书法中的烟火气全无,留下的只有超脱、无我之境。书写过程不循章法,皆从法性流出。此正如马一浮所说:"观大师书,精严净妙,乃似宣律师文字……内熏之力自

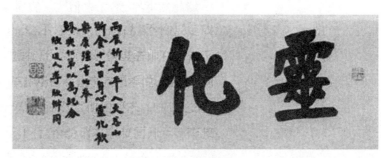

署名为"欣欣道人"的李叔同书法作品

然流露。"其书体被后来者称为风格独特的"弘一体"。由此可见,李叔同传奇的一生是其书法创作风格之底色,是我们客观审视、评价其书法作品的根本前提。

除了一生的传奇经历之外,李叔同的学养亦是其书法之灵魂。李叔同作为清末民初的知识分子,深受中国传统

文化的熏陶,六七岁时就全面接受了传统的教育。从其兄文熙学习《玉历钞传》《百孝图》《格言联璧》等,并研读了"四书",《古文观止》以及小学方面的文献,打下了坚实的传统文化功底。这种功底不仅体现在李叔同的学识和思想上,也体现在他日常生活的方方面面。比如,他小时候学习袁了凡先生的功过格,将每日的善恶都记录下来以反省自己,促使自己不断向善。同时,由于其家庭地位甚高,自小便有机会接触西方知名人士,学习西方的器乐和思想文化,因此李叔同的思想是开明开放的。这种影响在他出家后依然可见,他在给马冬涵写信时说:"朽人写字时,皆依西洋画图案之原则,竭力配置调和全纸之形状。"与此同时,生在民族危亡的历史时期,李叔同同母亲妻子迁居上海城南草堂之后,深受康有为、梁启超、章太炎等知识分子救国理论的影响,亦有新学思想的成分。一九〇五年,李叔同赴日本东京美术学校学习绘画、音乐和戏剧,取得了相当高的成就。出家之后,他精研佛学。重振律学。精进修行,终成为一代佛学大师。其弟子刘质平在《弘一上人史略》中说:"师之书法,乃学问、道德、环境、艺术多方面之结晶。晚年作品,已臻超然境界,绝无尘俗气。宜乎鉴赏者之倾倒也。"由此可见,李叔同的学养结构是多层次、多结构的,这也影响了其书法作品的丰富性和不可替代性。

深得李叔同书法真传的黄福海认为:"其书敛神藏锋,古拙平整,笔力凝聚于毫端,字字珠玑,含淡雅静远的韵致,可以说世界上无人可望其项背。"另外,马一浮也评价说:"大师书法得力于《张猛龙碑》,晚岁离尘,刊落锋颖,乃一味恬静,在书家当为逸品。常谓华事于书颇得禅悦,如读王右丞诗。"

当今画家刘旦宅在《中国书画期待新的大师》中说:"在所有艺术中,中国书法是真正出自人类内心的艺术,人类不灭则书法不灭。历代的书法大师有二王、颜真卿等,离我们最近的书法大师是李叔同。李叔同以他的学识和灿烂至极归于平淡的心境,创造出书法的崭新境界。"

陈祥耀在分析李叔同书法演变的过程说:"其初由碑学脱化而来,体势较矮,肉较多。其后肉渐减,气渐收,力渐凝,变成较方较楷的一派。数年后乃由方楷而变为修长,骨肉由饱满而变为瘦硬,气韵由沉雄变为清拔,其不可及处,乃在笔笔气舒、锋藏、神敛。"

总体而言,李叔同的书法在其出家之前,追求的是雄健、豪放与浑厚,用笔厚实,结体多为方形。线条饱满,技巧纯熟,彰显大气,但并未脱离传统魏碑的藩篱,尚未形成自己的风格与特色。出家之后,其字见缓,见简,见脱俗,见清凉,已经完全脱离了传统书体的约束;不追求章法,不刻意布局,以无为而有为,完全由慈悲清净之内心而流出;用笔清瘦,结体细长,线条流畅洒脱,不循章法技巧,彰显的是离尘脱俗之气。正如他自己所说:"吾书未工,诚意为贵。"

尽管如此,在今天对于李叔同的书法成就还是会出现一些不同的意见。比如,有些专家认为李叔同的"弘一体"艺术性并不强。但作为李叔同本人来说,他晚年的书写并不是为了彰显自己的艺术才能,也不会去刻意追求所谓的艺术美感和技巧,而是通过书写佛经来度化众生,因而凡是向他请求墨宝的人都往往能够满愿而归。从这一点来说,李叔同不在意自己的字是否符合艺术审美标准。后来者若能摒弃艺术理论、品鉴的先入观念,则可能会体会到李叔同后期的书法作品中有法性在流淌。此非意识心所能感受,需要接近书写者本人的心境才可体会。

弘一法师像

作为一代佛学大师,李叔同修行有所成就,内心澄明清净,非一般凡夫俗子之心所能比拟,故而其书法艺术被后世一些人所不理解和不认可,也是情有可原的。